博物馆多元文化创意产业创新探索研究

庄海峰◎著

吉林出版集团股份有限公司
全国百佳图书出版单位

图书在版编目（CIP）数据

博物馆多元文化创意产业创新探索研究 / 庄海峰著. -- 长春：吉林出版集团股份有限公司，2022.9
ISBN 978-7-5731-2125-7

Ⅰ．①博… Ⅱ．①庄… Ⅲ．①博物馆—文化产业—研究—中国 Ⅳ．①G269.2

中国版本图书馆CIP数据核字(2022)第160982号

BOWUGUAN DUOYUAN WENHUA CHUANGYI CHANYE CHUANGXIN TANSUO YANJIU

博物馆多元文化创意产业创新探索研究

著　　者：庄海峰
责任编辑：李　冬
封面设计：雅硕图文
版式设计：雅硕图文
出　　版：吉林出版集团股份有限公司
发　　行：吉林出版集团青少年书刊发行有限公司
地　　址：吉林省长春市福祉大路5788号
邮政编码：130118
电　　话：0431-81629808
印　　刷：长春市华远印务有限公司
版　　次：2023年1月第1版
印　　次：2023年1月第1次印刷
开　　本：710 mm×1000 mm　　1/16
印　　张：13
字　　数：230千字
书　　号：ISBN 978-7-5731-2125-7
定　　价：78.00元

版权所有　翻印必究

内容简介

文创产品的开发设计有利于传播历史文化，满足大众日益增长的精神文化需求。本文开篇从文创产业的相关概念阐述入手，引出有关文创产品的相关设计和开发理论，探讨博物馆全面发展文创产业经济的多重因素，重点介绍博物馆文创产品开发的多元实践。针对博物馆多元化文创产品的创新开发展开论证，继而扩展出文创产品设计中的多元要素实践应用、营销策略，最后就博物馆文创产业现实发展中存在的困难提出优化及解决方案。通过对博物馆文创产品开发多元路径的梳理，希望能够助推博物馆文创产品的开发与创新，为博物馆的发展提供参考性意见。

目　录

第一章　文化创意及产业相关概念的理论阐述 …………………… 1
- 第一节　文化与创意概念的由来 ……………………………… 1
- 第二节　文化创意学的理论研究 ……………………………… 5
- 第三节　文化创意产业的深化拓展 …………………………… 9

第二章　文化创意产品的相关设计与发展思路 ………………… 24
- 第一节　文化创意产品的概念与特征 ………………………… 24
- 第二节　文化创意产品的设计与理论 ………………………… 26
- 第三节　文化创意产品的设计原则 …………………………… 35
- 第四节　文化创意产品的设计方法 …………………………… 42
- 第五节　文化创意产品的设计流程 …………………………… 46

第三章　文化创意产品的多维度开发设计理念 ………………… 52
- 第一节　基于传统文化元素的文创产品设计 ………………… 52
- 第二节　基于多感官体验的文创产品设计 …………………… 55
- 第三节　基于色彩文化的文创产品设计 ……………………… 59
- 第四节　基于仿生文化的文创产品设计 ……………………… 63
- 第五节　基于文化新经济概念的文创产品设计 ……………… 65
- 第六节　基于非遗文化实践的文创产品设计 ………………… 68

第四章　博物馆文创产业的全面发展及多元进程 ……………… 72
- 第一节　博物馆发展文创产业经济的现实因素 ……………… 74

第二节　博物馆发展文创产业经济的经济因素 …………………… 78
第三节　博物馆发展文创产业经济的多元业态 …………………… 84

第五章　博物馆文创产品开发的多元实践 …………………………… 99
第一节　博物馆文化创意产品的类型划分 ………………………… 99
第二节　博物馆文化创意产品的发展要素 ………………………… 108
第三节　博物馆生活化文化创意产品典型 ………………………… 111
第四节　博物馆文化创意产品开发的多元尝试 …………………… 113
第五节　博物馆文化创意产品设计的创意理念 …………………… 118

第六章　博物馆多元化文创产品的创新开发 ………………………… 121
第一节　博物馆文化创意产品设计的创新思路 …………………… 121
第二节　遗址类博物馆文创产品的创新设计思路 ………………… 123
第三节　非国有博物馆文创产品的创新与创意设计 ……………… 129
第四节　"互联网+"博物馆文创产品的创新实践 ………………… 131
第五节　设计事理学角度的博物馆文创产品思维创新 …………… 136
第六节　消费者需求角度的博物馆文创产品创意设计 …………… 141

第七章　博物馆文创产品设计中的多元要素应用 …………………… 144
第一节　博物馆文创产品设计中的中国风尚元素运用 …………… 144
第二节　博物馆文创产品设计中的3D打印技术应用 …………… 146
第三节　博物馆文创产品设计中的激光雕刻技术应用 …………… 149
第四节　博物馆文创产品设计中的互联网思维应用 ……………… 153
第五节　故宫文创产品设计中的中国古代书画元素应用 ………… 156
第六节　博物馆文创产品设计中的国潮设计思路应用 …………… 158

第八章　博物馆文创产品的营销策略 ………………………………… 162
第一节　博物馆文创产品的市场定位策略 ………………………… 163
第二节　博物馆文创产品的分类定价策略 ………………………… 167

第三节　博物馆文创产品的渠道开拓策略 ················· 171
   第四节　博物馆文创产品的品牌推广策略 ················· 177

第九章　博物馆文创产业现实发展中的困境及解决方案 ············ 182
   第一节　博物馆文创产业开发存在的现实因素制约 ············ 183
   第二节　博物馆文创产业发展需探索差异化模式 ············· 187
   第三节　政策支持为博物馆文创产业升级打造优良空间 ·········· 190
   第四节　专业化、社会化环境为博物馆文创产业优化搭建多元平台　195

参考文献 ·· 198

第一章 文化创意及产业相关概念的理论阐述

第一节 文化与创意概念的由来

一、文化的定义

文化是世界万物信息的创造、整合和渗透。文化是人类精神文明的保证和导引,是基于精神文明的各类信息的融合和渗透。文化是人们长期创造而产生的一种社会现象。同时,文化又是一种历史现象。总体来说,文化是一个国家或民族的历史、地理、传统习俗、生活方式、价值观念、行为规范、思维方式等,它们凝聚在物质范畴中,但又脱离于物质进行传播,这是一种可以被普遍接受和维护的意识形态。

由于不同的人可以从不同的角度对文化作出不同的诠释和理解,所以每个人对文化都有自己的看法。统计数据显示,国内外学者对文化的定义也有不同。据英国学者雷蒙·威廉斯(Raymond Henry Williams)介绍,直到18世纪末,"文化"一词主要指"自然增长趋势"和人类发展中的类比过程;19世纪初,文化被用来指"某种与人类理想密切相关的精神状态或习惯"。19世纪末,文化意味着"物质、智力和精神生活方式"。

人们现在普遍认识到,从最广泛的意义上讲,文化意味着特定民族的生活方式。例如,著名人类学家爱德华·伯内特·泰勒(Edward Burnett Taylor)在《原始文化》一书中把文化表述为:"文化表现为复合的整体,其中包括知识、信仰、艺术、道德、风格及人作为社会成员必备的能力和习惯。"恩格斯在他的报告《劳动在从猿到人转变中的作用》中指出,文化作为一种意识形态,是通过意识和语言而存在的,文化是全人类特有的现象和符号体系，文化就是人化，人的对象化或对象的人化，它源于人类的劳动。美国文化人类学家鲁思·本尼迪克特（Ruth Benedict）指出："文化是通过某个民族的活动而表现出来的一种思维和行动方式，一种使这个民族不同于其他任何民族的方式。"

此外，美国文化专家克罗伯（Kroeber）和克莱德·克拉克洪（Clyde Kluckhohn）认为，文化"存在于各种内隐和外显的模式中，借助于符号的运用得以学习和传播，并构成人类群体的特殊成就……文化的基本要素是传统思想观念和价值，其中尤以价值观最为重要"。这种对文化的全面定义是被普遍接受的。

我国学者对文化的定义也得到了认可。例如，在学者杨宪邦看来，文化是一种社会历史语境，其特征是社会历史的发展水平、程度和质量，是人类创造的。它的主体是人，目标和宗旨是全世界，而保存一切物质和精神财富，是社会制度发展水平和质量的总和，这是一个有机系统。在学者余秋雨看来，"文化是一种成为习惯的精神价值和生活方式，它的最终成果是集体人格。"

总之，根据《辞海》的解释：文化从广义来说，指人类社会历史实践过程中所创造的物质财富和精神财富的总和。从狭义来说，指社会的意识形态，以及与之相适应的制度和组织机构。文化是一种历史现象，每一种社会都有与之相适应的文化。

二、创意的定义

创意是创造意识或创新意识的简称，意味着一种新的抽象思维和行为潜能，在认识和体会现实过程中产生，通过创新思维进一步探索和激活资源组合，从而提高资源价值。"创意"一词来自英语单词"creative"。正如柏拉图在其著作《柏拉图文艺对话集》中所写的那样，创意具有非常广泛的意义，无论什么物质想要从零开始，都必须经历的是创造性的手段开发。在古希腊，"创意"的概念不同于客观世界和实践中存在的概念，而是另一层含义，与人的灵性和智力有关。事实上，古希腊人已经意识到，虽然世界是永恒的，能量将被保留，但"创意"作为人类唯一的能力，它是客观世界意识和精神文化的产物，一个人的精神世界不再依赖一切，而是具有卓越的创造能力。

从理论上讲，创造力是一个想法、主意或点子，这些"想法""主意"和"点子"通常来源于个人创造力、个人天赋或个人技能。自古以来，创意人人都能获得，在某个阶段，一些创意开始形成知识产权。不过，具体来说，文化创意活动的不同行业，最初只属于少数人，而且大多数趋同。此外，创造力取决于科学、技术和艺术的结合，它改变了人们对科学定型观念和陈规定型观念的看法，极大地促进了创意产业的发展。创意活动作为文化创意产业的核心和关键要素，具有一定的工业化趋势和机遇，有助于随后的发展和经济回报。在实践层面上，"创意"的概念涵盖了广泛的问题，包括人类生命的所有创造行为和身心意识。简而言之，创造力无时无刻不存在于人类生活的方方面面。

由于"创造力"的概念在理论层面上比较狭窄，所以我们主要在理论层面上谈"创造"的意义。从理论上讲，创造力被定义为文化审美创新创造，特别是在我国进入文化创造新时代的背景下。

三、文化创意的定义和来源

（一）文化创意的定义

文化创意是文化的一个组成部分，融合了不同的文化，整合了相关学科，是利用各种载体对文化现象进行再创造和创新的过程。

（二）文化创意的来源

文化创意既可以建立在传统文化的基础上，也可以建立在现代主题的基础上，而不仅仅考虑空间的文化差异。

1. 传统文化

传统文化是文化创意的重要来源之一。有文化情结的人更容易接受以传统文化为基础创造的新文化价值。因此，许多人更喜欢利用传统文化的创造元素进行创新。传统文化丰富的创意资源为文化作者提供了基本的创意导向和市场需求。此外，文化的传播有助于提高国家的影响力和竞争力。因此，世界上具有相对发达的创意产业的国家和地区都非常重视掌握自己国家或地区的传统文化。

例如英国的旅游协会、电影协会、博物馆协会、皇家历史学会、考古机构、考古遗址保护协会、文化建设管理机构等传统文化组织，不仅大力发挥自身的传统精神，而且通过互相合作，促进了文化创意产业各行业的发展。又如，"韩流"和日本动漫，在很大程度上得益于对传统文化的挖掘过程中的文化创造力。漫画《海贼王》中的许多海盗形象都是海盗历史上著名人物的原型。

古装历史剧在我国一直占有较大的市场份额，这主要是由于中华传统文化的不断发展。例如，《西游记》最早便以戏剧形式放映，后来以故事形式在电台播出，再改编成电视剧、电影、漫画，创造了不可估量的价值。虽然《西游记》曾被多次改编，但也有人能从中汲取宝贵的思想。较成功的一个例子是国产动画片《西游记之大圣归来》，16天的票房就超过6.13亿，该片票房突破《功夫熊猫2》创下的国内动漫票房纪录。《西游记之大圣归来》的成功，得益于其对著名故事《西游记》的深刻改编和创造性发展——电影中的孙悟空有血有肉，更加人性化，让每个人或多或少都能找到自己的影子；年轻时的唐僧（江流儿），风趣可爱，言谈纯真善良。

因此，传统文化的许多潜在价值需要进一步被挖掘。要做到这一点，创意工作者必须细细品味，充分掌握和重新创造文化。

2. 现代主题

现代题材的一些永恒主题，如亲情、友情、爱情等，也成为文化创意的主要来源。通过对现代社会的诠释而形成的文化创造力，往往具有更广阔的工作空间。创意者在当下可以直接在社会中找到创意灵感，开发出更多的文化创意产品。

近年来，我国在一系列现代题材上进行了大量的创意选择，在反传统模式的创意上取得了显著的成就。比如《再见，失败者先生》《青春永驻》等。此外，一些电视剧在展现真实生活的同时，也很受欢迎。

目前，以现代题材为基础的文化创意也集中在互动与参与上。例如，现在的互动节目多，而较成功的有《星光大道》《中国好声音》等。其中，不少节目充分显示文化生活需要更高水平的文化创意。

近年来，由于互联网的普及和对原创的兴趣的提高，网络剧越来越流行。网络剧的成功主要得益于对现代文化的挖掘。此外，网络剧的创意和播出符合现代生活对"快文化"的要求，现实、实用，能够在短时间内吸引观众并传达他们想要表达的东西。互联网的主要力量是青少年，许多电影通过展示年轻人的生活和文化来吸引年轻观众。只有用现代思想创造现代主题，才能真正创造具有现代意义的文化，才能在全球范围内得到更好的传播。

从产业的角度来看，传统产业也随着新思想的产生而发展。今天，农村经济是农业、工业经济、经济等多种经济结构的结合和组合。以湖南长沙为例，被称为"竞赛+产业链的建立"。这也是"绿色农业""生态农业""新农村经济"等新概念产生的原因。

因此，现代题材是由创意产生的，通过对现代社会生活中文化核心的深入挖掘，保持了一个时代的脉搏、人们的思想兴奋和视觉感受。

3. 空间文化差异

在创造文化创意时，既可以运用我国的精彩文化创意，也可以加强对国外优秀文化创意思想的吸收，从而实现高质量的创新。比如，QQ借鉴了MSN、网易借鉴了eBay等。因为这些企业首先利用文化差异，学习外国模式，它们很快占领了国内市场，现在是国内各自领域的领先企业。比如，电视上很受欢迎的《爸爸去哪儿》《极限挑战》等真人秀节目，也借鉴了国外的文化创新，结合我国市场，最终产生了创造性的效果。我国拥有巨大的文化资源，拥有发展创意产业的一切机会。因此，必须利用现代社会所需的创造机会，利用空间的文化差异，形成新的文化创意形式。

第二节 文化创意学的理论研究

一、文化创意学的定义

文化创意学的定义来源于文化创造的定义，即对文化要素的研究，通过不同文化的融合，整合相关学科，运用不同载体重新创造和探索新的文化现象。

文化创意的定义来源于文化创意产业的概念，它与文化创意产业的概念密不可分。

目前，对国内外文化创意产业的定义没有统一的看法。不同国家对文化创意产业的界定是以其文化背景和文化内容为依据的，造成各国文化创意产业观念的某些差异。因此，"文化创意产业"这一新名词的出现必然与其自身的语境有关。

英国是世界上第一个提供"创意产业"的国家，也是第一个发展文化创意产业的国家。1997年，安东尼·布莱尔（Anthony Blair）成为英国首相。为了反映"新"政府，布莱尔改组了内阁，成立了"创意产业工作组"，以促进英国创意产业的发展。1998年和2001年，英国创意产业工作组分别发表了创意产业政策文件，分析了英国创意产业的现状，提出了英国创意产业发展战略。这些文件的发表使创意产业成为英国经济发展的重要因素，也引起了人们对创意产业发展的关注。

美国文化创意产业被称为"版权产业"，分为核心版权产业、部分版权产业、边缘版权产业和交叉版权产业。其中，核心版权产业是指版权作品重新创意的部门，为创意受版权保护的作品或受版权保护的材料而制作和分发，包括印刷、图书出版、广播、戏剧创意及表演、广告、电脑软件开发等。部分版权产业，适用于某些物料产品的行业包括成衣、纺织品（鞋类）、珠宝和硬币、家居用品、陶瓷和玻璃、玩具和游戏、建筑、工程和大地测量学。交叉版权产业是指能够促进作品创意、制作或使用的设备的生产、批发和零售，版权所有包括电脑、电视、收音机、DVD、录像机和游戏设备。边缘版权产业是指能够促进传播的行业，版权或其他未列为核心版权产业的文章的发行或销售，包括版权产品的一般批发及零售、公共交通服务、电信及互联网服务。此外，经济学家理查德·凯夫斯（Richard Caves）认为：创意产业提供的商品和服务与文化艺术或娱乐目的有关，包括图书出版、绘画、雕塑、美术、戏剧、音乐会、舞蹈、录音、电影、玩具、游戏及时装等。

在科学讨论中，文化创意产业被定义为：在经济全球化背景下产生的以创造力为核心的新兴产业，强调一种主体文化或文化因素依靠个人（团队）通过技术、创意和产业化的方式开发、营销知识产权的行业。

在我国，文化创意产业的概念首先在台湾地区得到运用。2002年，台湾地区不仅把文化创意产业发展放在重要位置，还制定了文化创意产业发展规划，文化产业被定义为"以创造性或文化丰富为基础的产业，通过实施和应用知识产权，能够创造财富和增加就业，此外，中国香港于2005年11月成立策略发展委员会，在施政报告中首次使用"创意产业"一词。

2006年9月13日，中共中央办公厅、国务院办公厅印发《国家"十一五"时期文化发展规划纲要》，"文化创意产业"的概念首先出现在党和政府的重要文件中。北京、上海、深圳等城市正在建设创意产业基地和园区。北京在"十一五"规划中明确提出，文化创意产业应成为我国经济发展的支柱。

文化创意产业的出现和发展，是现代经济、文化和科技融入产业发展的具体体现。它以独特的形式发展和运作，与其他行业有广泛而复杂的联系，对一个国家或城市的经济运行和社会文化发展具有重要影响。

文化创意产业的起点是人的文化创意。但是，文化和创造力不能直接转化为财富，只有通过技术和工业化进程才能成为市场上的热门商品和服务。文化创意产业是以创意为中心的新兴产业，为民众提供文化、艺术等商品和服务，以及精神、心理、娱乐等。同时，作为文化产业中最具创造性和引领性的组成部分之一，它是文化产业中高质量的创新产业。

文化创意产业包括文化、创意和产业三个组成部分。这三个阶段合在一起构成了文化创意的要素。因此，文化创意产业可以定义为——通过重新创造文化元素及高科技和智能加工，生产高附加值产品，从而形成具有规模生产和市场潜力的产业发展模式。

这个定义与中国文化创意产业的形成过程是一致的。根据这个定义，与文化元素有关的创意思想构成了文化创意，高附加值的高科技产品是文化创造的产物，经过大规模生产和市场整合，这些产品将创造一个文化创意产业。这三个步骤是逐步发展的。总地来说，虽然不同国家对文化创意产业的定义不同，但其无非涵盖三个方面：创意、产品、产业。

二、文化创意学的研究范围

文化创意学的研究范围与文化创意的实践领域密不可分。事实上，任何理论研究都是基于对这一领域研究和实践的总结，以及对创造性文化实践的总结。

从文化创意实践的角度来看，虽然中国文化创意的真正形成需要相对较长的时间，但目前已经形成规模化发展，有了先进的发展项目。也就是说，中国文化创意的研究领域首先应该是中国文化创意产业发展的历史研究。

文化创意产业的发展是一个实践过程，文化创意产业必须有自己的发展规律。同时，文化创意产业一定会建立与其发展相适应的组织结构和发展体系。理论学科体系符合文化创意产业发展和组织规律。在我国，文化创意产业形成适应我国文化及全球化的发展体系，从而形成独特的实践和理论体系。这既是发展中国文化创意产业的需要，也是中国文化创意产业发展向世界看齐的需要。

自文化创造和文化创造实践形成以来，我国在文化创造和产业发展方面取得了长足的进步。如何推动文化创意产业实践过程的进一步发展，既是文化创意理论研究的任务，也是文化创意研究的领域之一。

此外，对文化创意的结构和功能的研究，也就是对文化创意的结构和功能的研究。任何科学基础都与形式和内容的有机融合密不可分，即文化创意的研究领域也不是单一的，而是文化、创造力、美学、思维、产品、产业等相关要素相融合。例如，研究对象与研究者、理论与实践、历史与现实的关系与融合。

简而言之，文化创意学的研究涉及文化创意发展和发展史的研究、文化创意产业的发展规律和组织结构的研究、促进文化创意产业实践过程发展的途径和方法的探讨、文化创意的结构和功能的研究四个领域。

第三节 文化创意产业的深化拓展

一、文化产业的定义

文化产业作为文化经济的一种特殊形态，影响着对文化产业本质的感知。不同的国家和民族从不同的角度发展，以不同的方式理解文化产业。联合国教科文组织将文化产业定义为：按照工业标准生产、再生产、储存以及分配文化产品和服务的一系列活动。从标准化生产、推广的角度来看，文化产业的定义是文化产品的创造和销售活动，其核心是生产和提供精神产品，以满足人们的文化需求。狭义上的文化产业包括艺术创意、音乐创意、工业设计与建筑、摄影、舞蹈等。

我国对文化产业的界定主要针对所提供的商品和服务的生产和精神文化性质。我国的文化创意产业不仅满足了人们的精神文化消费需求，也提高了产品的附加值，一方面强调经济发展中的生产和工业发展结构，另一方面也强调其"生产服务"的本质。由此可知，联合国教科文组织对文化产业的定义与我国不同。

一般来说，文化产业是指与文化艺术有关的传统产业，而不是与创造性有关的产业。20世纪60年代，随着民间文化的盛行和对民间文化的深入讨论，学术界对"文化产业"的批判又回到了学术讨论中。20世纪70年代，联合国教科文组织召开了一系列文化政策会议，开始分析大众文化起源，会议从民族文化产业化的角度出发，逐步认识到研究文化产业的重要性。此后，一些西方经济学家系统地研究了经济和文化联系，阐明了文化作为一种产业可能具有的空间性和发展性特征。因此，现代意义上的文化产业进入了理论研究阶段。20世纪80年代，英国伦敦会议在金融政策分析中首次使用了"文化产业"一词。工业被正式用作政策分析工具来描述生产、消费、文化财产的分配。此后，文化产业在英国逐渐发展成为一种新的产业形式。

今天，文化经济正式成为一种重要的经济形式。随着产业分工的不断深化和产业边界的日益扩大，逐渐促成文化产业发展演变的趋势。文化和创造因素开始渗透到社会经济发展的方方面面。因此，将文化创意融入其他行业已成为工业发展的重要趋势。产业正逐步由横向扩张向纵向深耕转变，由单一形态向跨境整合转变。

但是，由于文化产业在不同的国家、地区、不同的背景下，以不同的形式、模式、速度和目的进行发展和实践，世界各国对文化产业的定义尚未达成一致。例如，英国科学家普拉特（Andy Pratt）认为：文化产业是指以文化的形式参与各种生产活动，能够形成一个巨大的产业链。英国科学家贾斯廷·奥康纳（Justin O'connor）则认为：文化产业就是"指以经营符号性商品为主的那些活动，这些商品的基本经济价值源于它们的文化价值"。澳大利亚学者大卫·索斯比（David Throsby）认为：文化产业就是"在生产中包含创造性，凝结一定程度的知识产权并传递象征性意义的文化产品和服务"。至于文化产业所属的产业类别，苏富比根据创意潜力和薄弱环节，将其分为三个圈：第一个圈是一个文化创意含量高的部门，如音乐、戏剧、文学、科技；第二个圈是文化产业化部门，如电影、电视、广播、图书等；第三个圈则是建筑、广告、旅游等文化产品制造和服务部门。

二、文化产业概念的由来

"文化产业"是马克斯·霍克海默（Max Horkheimer）和西奥多·阿道尔诺（Theodore Adorno）在《启蒙辩证法》（1947）一书中首次使用的概念。书中强调，"文化产业必须和大众文化严格区分开来。文化产业把旧的、熟悉的东西熔铸成一种新的特质。在其各个分支中，那些适合大众消费的产品，那些在很大程度上决定着消费特性的产品，或多或少地是按计划生产的。某些分支具有相同的结构，或者至少说是彼此互通，它们被置于一个几乎没有差别的系统之中。正是通过技术手段及经济的和管理的集中化，这一切才有可能实现。"因此，文化产业的规模化发展使审美商品的属性明显，审美生产和消费产生规模经济。

此外，在《启蒙辩证法》中，阿道尔诺和霍克海默将文化产业定义为：

"不同于传统文化的文化产业在其复制特征上，以赋予传统文化的公民化和世俗化特征追求艺术价值的价值观，并在利润最大化原则的基础上保证文化财产的生产和销售。"这一定义客观准确地解释了西方国家文化产业发展的文化经济性质，西方发达国家奉献了近半个世纪的时间发展文化产业。在此期间，随着以网络和信息技术为核心的现代高科技的发展，人们越来越意识到机制和技术必然具有艺术创意的性质，人类文化自我表达的手段和方法将变得更加多样化。区分艺术品和文化价值是很容易的，它们的产品在很大程度上是标准化的也不会再感到失望。这是因为文化产品是唯一不可被模仿的艺术作品，是文化内容的形式或物质媒介。

简而言之，"文化产业"的概念既包括哲学理解，也包括经济理解。文化产业在经济意义上是指经济体制或新的发展模式，而传统意义上的文化不属于经济领域，不可能是产业。

三、文化创意产业的内涵及辨析

（一）文化创意产业的概念

文化创意产业是一个内涵丰富、领域广阔的产业，已有半个多世纪的发展历史，但目前还没有统一的概念。例如，文化创意产业有很多不同的名称，例如创意产业、创意经济等。在不同的国家、地区，不同的文化和不同的背景下，文化创意的地位、表达和内容也不尽相同。一般来说，文化创意产业是创意产业的一个分支，涵盖文化、文化价值、出版物等传统文化观念，也包含媒体、视觉艺术、工业设计等新兴领域。

创意产业强调以技术为基础的核心文化或文化元素的开发和营销，创造充满活力的工业化产业集群，为经济增长提供新的机会。因此，文化创意产业不仅是美国、英国等发达国家的支柱产业，同时也是一些发展中国家和城市的重要发展目标或战略。以中国深圳为例，文化创意产业已成为城市经济四大支柱产业之一。

不同的国家和地区有自己的自然资源、生态条件、地区条件、社会生产要素、体制政策和市场机制。利用创造和发展文化创意产业中的共同作用，最终形成具有国家和地区特色的文化创意产业体系。因此，不同的国家和地区对适合发展国家和地区文化产业的文化创意产业形成自己的定义及相关行业类型。虽然不同国家和地区对文化创意产业的认识存在差异，但总体而言，各国有着更多的共同点，而不是对这个行业的不同理解。

简而言之，文化创意产业是以创意、创新和创造为核心的、文化为基础的，生产高附加值产品或服务的新兴化产业，它起源于以智慧和创造力及以文化传播为核心的经济全球化背景下，主要以技术发明和智力资本产业为特征。此外，创意文化产业包括广播电影业、传媒业、视觉和表演艺术、工艺设计、广告装饰、雕塑、环境艺术、时尚设计、软件和计算机服务行业。尽管创意产业以创意元素为主，文化产业以文化内容为主，文化产业和创意产业的概念更为重叠和相互关联，但实质上二者关系早已密不可分。此外，他们各自的概念其实并不统一，越是区分越容易混淆。因此，人们普遍认为，文化产业和创意产业之间有区别，有时可以明确区分，有时却也可以互换。

文化创意产业在狭义上被理解为文化产业与创意产业的结合。文化创意产业在广义上标志着文化产业的发展水平和趋势，是集文化、创意、产业于一体的综合性产业。目前在我国的北京、上海、深圳、青岛、台湾地区和香港地区都采用了文化创意产业的称号。

（二）我国对文化创意产业的定义

文化创意产业是由各种相对独立的企业、政府管理机构和服务机构共同经营的产业。从以文化需求市场为导向的经济投入的成本效益来看，它强调文化要素和其他必要的核心资源。文化创意产业不同于文化地理学。从经济地理角度看，文化创意产业属于区域专业化，是产业区域分工的基础。而文化地理学则着重研究以创造、发展、传递为中心的区域文化的"独特性"，文化景观的积累与物理形成，还包括区域文化的形成与发展机制、文化区的识别与划界、文化的传播与融合及文化景观的演变，这是文化地理学研究的一个重要领域。

此外，文化创意产业不同于日常文化生活，是软件系统，与计算机硬件系统相当。日常文化生活是与人口物质生活相适应的精神文化生活体系。这是一个建立在个人精神文化、慰藉和文化交流基础上的精神家园，需要共同维护。至于提供日常文化服务的机构，具体的服务通常是由政府和市民主导，根据当地居民的具体需要及时提供文化服务，而不以营利为目的。

（三）文化创意产业相关概念辨析

如上所述，文化创意产业是在经济全球化背景下，以创意为基础的新兴产业。这是一个行业，强调的是文化或文化要素，个人（集体）设计和传播知识产权通过技术、创新而工业化。同时，文化创意产业是以文化产业与创意产业融合为基础的一种新的产业模式，它既有框架，也有创意产业的性质。

文化创意产业在国际舞台上欣欣向荣的同时，中国文化创意产业开始悄然发展。我国以"文化产业"和"创意产业"为基础，鼓励文化创意产业发展。20世纪40年代，法兰克福学派提出了"文化产业"的概念。从那时起，我国政府逐渐认识到，文化除具有意识形态的特性外，还具有商品的特性和工业的功能。2000年10月，中国共产党第十五届中央委员会第五次全体会议通过了《中共中央关于制定国民经济和社会发展第十个五年计划的建议》，首先提出了"文化产业"的概念。2002年11月8日，中国共产党第十六次全国代表大会《全面建设小康社会，开创中国特色社会主义事业新局面》明确提出："发展文化产业是市场经济条件下繁荣社会主义文化、满足人民群众精神文化需求的重要途径。"

为贯彻党的十六大关于文化建设和文化体制改革的要求，全面加强社会主义文化建设，深化文化体制改革，建立科学文化产业统计体系，由中宣部领导，国家统计局、原文化部、国家广播电视总局、国家新闻出版署、国家文物局、国家发展和改革委员会、财政部、国家税务总局、国家工商行政管理局等单位参与，于2003年7月22日成立文化产业统计专题小组，它编制了文化和相关产业分类，并于2004年4月1日以国家统计局的名义公布。到目前为止，我国对"文化产业"有着公认的合法观念。因此，中国文化产业的概念是在我们自己的背景下定义的。随着创意产业理念在世界范围内的广泛传播，我国逐渐开始接受和应用。

与"文化产业"相比，我国的"文化创意产业"有更多的外部背景和因素。2006年12月，北京市统计局和国家统计局北京调查队共同制定并发布了《北京市文化创意产业分类标准》。文化创意产业首次从产业链的角度出发，将文化创意产业定义为："文化创意产业是以创新、创造、创意为根本手段，以文化内容和创意成果为核心价值，以知识产权的实现或消费为交易特征，为公众提供文化体验的具有内在联系的行业集群。"

上海有关部门接受了英国"创意产业"的参考。开辟创意产业"以创新思想、技巧和先进技术等知识和智力密集型要素为核心，通过一系列创意活动，引起生产和消费环节的价值增值，为社会创造财富和提供广泛就业机会的产业"。同时，在"十一五"规划期间，上海市有关部门颁布了《上海市创意产业发展重点南》，为创意产业发展提供了指导。上海有关部门参考了英国对"创意产业"概念的说明，其创意产业的发展基于我国丰富的文化。

广州市统计局创意产业研究小组认为，文化创意产业是"文化、创意、科学技术"紧密结合形成的产业集团。它们不仅与文化有关，也是各行业可以用来提高行业价值、确立行业特色的因素。同时，与文化不同，它强调创造、革新、创造，重点是创造更多的文化导向，促进产品的研发和推广。课题组认为，文化创意产业主要包括两个特征：第一，文化创意产业通过领导消费、创造转化技术；第二，文化创意产业在离不开科技支持的同时，必须接入创意商业模式，无限扩大、延伸产品和服务的品牌价值，创造巨大的经济价值。

香港文化创意产业的定义是基于英国创意产业的概念。香港特别行政区第二届政府第一部施政报告书将文化创意产业结合文化艺术创意和商品生产，将影视、艺术、版画、音乐、建筑、艺术及古董市场、广告、动漫、时尚、数字娱乐定义为包括计算机软件开发及产品设计等。这个定义强调"文化创意产业是文化艺术创意和商品生产的结合体"，试图更好地融合"文化产业"和"创意产业"这两个不同的概念。因此，香港文化创意产业的定义不是为了理论和概念的区别和争论，而是为了促进香港经济和文化的实际发展。

2002年，我国台湾地区也参考英国创意产业的发展经验，建议大力发展文化创意产业，将文化创意产业源于创意或文化积累，具有通过知识产权形式和应用创造财富和就业机会的潜力定义了促进整体生活改善的产业。外延上，我国台湾地区的文化创意产业与英国非常相似，包括13个类似产业：电影产业、广播电视产业、出版产业、视觉艺术产业、音乐演艺产业、文化展示设施产业、工艺产业、广告产业、设计产业、数字娱乐产业、设计品牌时尚产业、创意生活产业和建筑设计产业。

以前，在我国，文化仅限于理论和思想方面，是哲学和美学的概念。学者无视商品的属性和产业机能，进行批判。随着我国越来越重视文化创意产业的发展，学术界对文化创意产业的探索和研究也越来越广泛。对于文化创意产业的概念，由于学科和研究模式的不同，不同的学者表明了自己的观点和看法。这里只列出了国内两种不同代表性的观点。

中国人民大学的金教授代表一个观点。他说："文化创意产业是在全球化条件下，以消费时代人们的精神、文化、娱乐需求为基础，以高科技手段为支撑，以互联网等新型传播方式为主导，以文化、艺术、经济的全面结合为自身特征，跨国家、行业、部门、领域进行重组或创建的新型产业集群，是一个向大众提供文化、艺术、精神、心理、娱乐产品的新兴产业。"从上面的定义可以看出，它特别重视"文化"和"文化精神"在文化创意产业中的作用，强调了文化创意产业的文化属性。

另一个观点是以原上海社会科学院经济研究所所长后无畏为代表。在《创意产业导论》一书中他开创了创新产业的内涵，关键在于强调创意和创新。广义上，创意驱动的所有行业都属于创意产业。通常，人们把没有以创意为核心的成长要素的产业和创意就无法生存的相关产业称为创意产业。这个定义是文化创意产业的产业性质和创意产业化。

无论上述两个观点的差异有多大，或其他观点从其他角度阐述文化创意产业，这些观点实际上都客观地推进了我国文化创意产业理论研究的发展，有利于我国文化创意产业实践发展的不断进步和完善。但是，对文化创意产业的不同看法也造成了命名混乱、资源浪费等问题。因此，学者间必须加强交流，一定程度上统合理论研究。

（四）发展文化产业和创意文化产业

随着社会经济的发展，文化创意产业作为一种新的贸易形式应运而生。文化创意产业的发展是产业发展的必然结果。文化创意产业虽然处于不同的产业发展阶段，但与新时期文化经济发展相比，具有一定的优势，主要体现在以下两个方面。

1. 发展和扩大工业意义

如上所述，联合国教科文组织将文化产业定义为："按照工业标准生产、再生产、储存以及分配文化产品和服务的一系列活动。"这一定义强调了文化产品和服务的经济和产业特征。此外，在国际上，从内容生产的角度强调文化产业内容的意义和属性。然而，在2012年修订的《文化及相关产业分类》中，我国将文化及相关产业定义为与文化和文化财产相关的生产活动的集合。

根据上述不同的定义，很难定义文化产业的文化和经济特征及整合。与传统产业相比，文化产业指的是产业的文化特征和价值，强调生产和交换的共同经济规范及文化的分配和消费。文化与经济融合的产业内涵特征决定了文化产业的广泛性、开放性和宏观性。文化创意产业强调文化创意是产业的核心价值，并在此基础上形成供应链，确保其活力和价值。与文化产业相比，文化创意产业不仅融合了文化层面，还强调人的创造潜能，尤其是在工业化领域，可以培养创造力，形成工业化过程中产生的知识产权。文化创意产业比文化产业具有更深刻、更有针对性的意义，文化产业是产业价值和全球价值，能够反映创意与文化互动产生的附加值。

此外，以创新为基础的文化创意产业，以高新技术为基础，整合文化资源和信息，从而突破传统文化产业的边界、固有特征，摆脱传统产业的束缚，建立新的文化生产和消费模式，形成新的文化消费群体。

文化创意产业中的文化创意作为一种无形资源，具有明显的流动性和弹性特征。它可以与不同的行业和媒体产品相结合，实现不同载体的价值传递和生产。因此，文化创意产业具有高度的关联性和渗透性。在这个过程中，文化创意产业可以传播并渗透到其他产业，文化创意领域迅速扩大，工业前沿急剧扩张，价值的多样性逐渐扩大。与文化创造领域相对开放且不断增长的不确定性不同，以文化创造为核心的价值链的延伸和扩张越来越多地反映在新的产业模式中。此外，虽然文化创意产业的产业范围并不完全明确，但其发展链条是明确的。

2. 创新与产业理念增值

不同于以资源枯竭和环境污染为核心的经济发展路径和社会发展模式，文化产业作为社会生产力和财富增长的新形式，改变了人类社会以前的生产力结构，改造了知识密集型产业经济以全新的文化经济形式进入现代国家发展的关键产业。工业发展观是对以物质资源和消费为特征的传统产业原有发展模式的颠覆和创新。文化创意产业是文化产业经过一定阶段发展后出现的一种新兴产业形式。它考虑到了文化产业和创意产业的特点，重点是在文化产业的基础上，更广泛地传播创意思想，把文化资源和个人创意思想充分整合到部门框架中。此外，文化创意产业的发展更依赖于个人或集体创意的运用和现代科技手段的运用，强调在文化、创意、科技等因素的共同影响下，将无形文化资源转化为文化内容产品。

在谈到创造力时，克里斯·比尔顿（Chris Bilton）认为创造力是建立在一定的文化背景上的，代表着文化资源的进一步开发。与文化产业相比，文化创意产业的发展理念强调创意及其对社会经济发展的贡献，以及知识产权成果的转化和知识产权的应用。创意在文化创意产业的发展中起着"转换器"的作用，将文化资源转化为文化产品，将知识产权结合起来。总地来说，文化创意产业总体上朝着智力、财产、象征性、高附加值的方向发展，这是传统文化产业的结构优化和概念创新。

此外，创意文化产业是以创新价值链的生产和再生产为核心的产业模式。在业务层面上，文化创意产业发展和创造性地运用文化，包括引进文化、创意输入、广泛传播，业务授权等。因此，文化创意产品的投入与产出的关系具有多向量循环关联的特点，形成了一个完整的价值网络。随着产业链的扩大，网络的总成本也随之增加。因此，文化创意产业的价值塑造模式与文化这个根本产业的价值塑造模式总体上明显不同，通过现代复制技术和媒体提供文化产品的生产和传播。因此，与传统文化产业相比，创意文化产业更清晰地反映出边际成本的降低和边际成本效益的增长，实现了传统文化价值观，改进了生产方式。

从文化产业到文创产业，发展模式被颠覆，而知识文化创新，在产业结构中的重要性不断提高。深化产业内容，拓展对外联系，创新理念，提升价值，说明了文化创意产业相对于传统文化产业的高绩效，根据我国文化产业目前的结构变化，来提高质量、提高现代化水平。

四、文化创意产业的特点和性质

（一）文化创意产业的特点

文化创意产业的出现，意味着超越劳动过程的创意成为商品价值结构的重要因素，产生社会财富创造方式的历史变革。因此，人类社会开始了新的生产方式。在这种新的生产方式下，将抽象无形的创造力作为产业链的源泉的价值创造活动，改变了过去只有资本、劳动等的观念。自创意产业诞生，经验虽然比较少，但改变了传统产业的发展模式，与传统产业不同了。

1. 革新性

传统产业也不能与创新相结合，但与此相反，创新是文化创意产业的基本特征。文化创意产业的革新主要来自独特的文化创意，它始终贯穿着文化产品的生产和销售过程。众所周知，文化创意的文化价值观必须充分引起消费者的关注，影响消费者的心理生活。只有这样，文化创意产品才能获得市场经济效益和社会效益。因此，利用知识和技术创造以文化和创造力为基础的新价值观，在特定行业实现创意，是促进市场供求扩大的重要因素。

在文化创意产业中，人力资本逐渐成为主要原动力，革新活动转化为第一生产力。进入工业时代，规模决定抛弃新时代的所有工业模式，而创新成为经济发展的主导力量。但是，不能忽视生产对经济发展的意义。在文化创意产业中，创新只有在某些情况下才能渗透经济，进入经济周期，为社会创造价值，如果它们融入生产和服务，结合创造力和科技，实行严格的知识产权保护机制则可以建立高市场交易平台。

2. 文化性

文化创意产业创造了一个有创造力的人和发展创造力的文化环境，因此，它经常与文化产业的概念相互作用。的确，任何文化创意产业都必须建立在一定的文化基础上，任何创意都不仅仅是文化创新，任何与文化相关的文化创意都是如此。它是以产生知识和智慧为特征的文化符号的积累、生产、交流和消费的产业活动，不同于以自然资源为基础的传统材料的生产。因此，文化创意产业生产无形的文化产品，而传统的则生产有形的商品。文化创意产业既具有经济性又具有思想性。此外，文化创意产品不仅具有商品性、智力性和娱乐性，但也对社会的价值观和感情、整个社会的道德规范、文化环境、人的精神、科学文化等有着本质的影响。此外，文化创意产业是知识、信息和技术多元密集型产业结构，而数字和网络处理是其发展的必然趋势。同时，文化创意产业既是国家强大的经济教育，也是国家软实力的体现。在这方面，人们普遍认识到，文化及其产业是一个国家综合国家能力的明显和具体的反映，同时也是经济增长的一个因素，具有无限的动力。

3. 高附加值

文化创意产业是一个高附加值产业，这是因为文化创意产业的产品正在转化为知识、智力、文化、信息和技术等无形资产。它们是人力资本的载体，以新理念、新技术、新元素的形式与文化创意产业相关。文化创造的象征性和象征性产品，所体现的经济价值在很大程度上取决于文化、知识和技术的价值，以及商品的使用而不是其思想上。思想的价值是不可估量的，因此文化和知识的价值是不可估量的，因为它们创造了文化创造的宝贵附加属性。

文化创意产业的主要生产要素是信息、知识等无形资产，尤其是文化和技术。因此，该行业是一个具有自主知识产权的高价值产业。文化创意产业的高附加值主要体现在创意带来的概念价值上。经济发展表明，概念价值占商品价值的比例在不断增加。在社会经济发展水平低、技术落后、材料匮乏的时代，商品的使用价值受到了重视、商品的增长和同质化大大加快，这增加了"精神"价值在商品中的份额。因此，文化创意产业向传统制造业的渗透，提升了传统制造业的高附加值。例如，服装行业是一个传统行业，然而，当许多想法加入其中时，它将会发展成为一个以知识为基础、高附加值的产业。

此外，文化产品，尤其是原创产品，是高附加值产品，因为文化创意产业工作是一项复杂的工作，其成本是简单工作的两倍，特别是生产原始文化产品的劳动力成本远远高于纯劳动力，这完全符合经济规律。正是因为文化创意产业的投资回报远高于其他产业，才有很多投资者。因此，文化创意产业必须是高附加值产业。

4. 融合性

创意产业融合了经济、技术、文化，一般被称为密集型产业。创意产业被广泛地整合在一起。一方面，文化创意产业和传统文化产业的相互融合，高科技，特别是它们被信息化驱动，具有很强的生命力。这样的动态不仅表现在快速的成长中，也表现在对传统文化产业的高度渗透中。另一方面，文化和创意不同的部门相互渗透。由于信息技术的广泛应用和文化产业生产方式的彻底变革，传统文化部门的局限性逐渐被侵蚀，使得部门之间进行更广泛的渗透和整合，各方面密切相关的区域市场观逐渐转变为市场空间。因此，文化创意产业的发展对优化产业结构具有广泛重要意义，促进产业技术升级和经济增长模式的转变。

5. 强辐射性

文化创意产业具有强大的辐射力，这是由文化创意产业的文化遗产辐射决定的。在知识经济中，产品竞争本质上影响意识形态、价值观、生活方式等，通过产品所提倡或反映的文化，人们可以从某种产品中获得乐趣。开放市场，任何有价值的产品都有一定的文化意义。在文化内容追求日益活跃的情况下，文化的传播和影响能够有效地促进产品市场的拓展，具有文化内涵。这是文化创意产业辐射能力的一个重要体现，也就是文化产业辐射能力的一个重要体现。

6. 知识产权

创意产业的有形资产很少，其主要生产要素是信息、知识、文化、技术等无形资产。因此，文化创意产业与知识产权有着千丝万缕的联系。另外，根据文化创意产业的定义，这个产业是通过知识产权的开发和利用来创造财富的产业。因此，如果没有知识产权的运用，就不可能有文化创意产业，这已经成为文化创意产业发展的核心，也是创造社会财富的主要手段。如果没有知识产权，文化创意产业将被歪曲、反复出现混乱，整个产业将面临生存和发展的危机。因此，加强知识产权保护是文化创意产业发展的基础。

7. 人才

如果创意是文化产品的生命，那么创意精英就是创意文化产业的灵魂。一方面，创造能力决定了文化创意产业的发展或生存。另一方面，创意人才非常罕见，他们的形成和培养形式与传统工业人才不同。创意人才主要是知识型员工、设计专家、能够引导创意的专家。创意人才的工作有其特殊性和不可替代性，他们必须不断创造新的思想、新的技术和新的创造要素。创意人才的专业能力来源于个人经验的积累和个人灵感的形成。创意人才的工作模式主要是脑力、手工、信息技术等现代手段的结合、创意智能和实时生产。

在发达国家，随着工业化的发展和后工业社会的进步，教育、研究开发、文化、金融等领域创意性人才的比例不断提高。因此，为了加快文化创意产业的发展，必须加强专业创意人才的培养。只有形成创意人才链，聚集创意人才，才能遇到创意火花，生产复杂的文化创意产品。

8.融资风险高

文化产业源于依赖自主知识产权的创意和智力资产，这就是为什么它被称为知识产权产业。人们投资融资的高风险首先是由于市场需求的不确定性。文化创意产品主要是为了满足人们的精神需求，其特点是地域覆盖率高。此外，消费者的个人喜好进一步增加了市场的不确定性，导致投资融资的不确定性和高风险。其次，文化创意产品易于复制。文化创意产品一经生产，就迅速传播开来。与产品开发所需的大量智力、技术和财力相比，产品复制成本较低，这使得它更容易被复制和模仿。再次，由于保护知识产权的机制仍然不足，而有关的制度、条例和条件，以及有助于保护知识产权的投资还没有到位，文化创意产品的研发投资很容易被浪费。最后，经济全球化和区域经济一体化正在由互联网形成的世界中迅速发展。世界经济紧密相连，相互依存，这意味着文化创意产业和面临激烈国内竞争的企业必须参与国际竞争。

（二）文化创意产业的性质

如上所述，文化创意产业的出现和发展是现代经济一体化的具体体现，文化和科学技术促进工业发展。文化创意产业以独特的形式发展和运作，与其他行业有着广泛而复杂的联系，对国家、地区、城市的经济运行和社会文化发展具有重要影响。这种"蝴蝶效应"的核心是文化创意产业的性质，这些特性反映在以下四个方面。

1.知识产业的文化创造性

文化创意产业的核心是以智力创造劳动为核心的创造性，因此，创意产业符合智能化服务的过程。从这个角度来看，文化创意产业在性质上是一种智力服务，或者实质上是一种智力服务。不同的是，这些知识不同于一般知识，意味着创造性知识——创造力。

此外，在发展知识型经济的背景下，知识、科技、资本、资源等因素的结合，使得社会经济较传统经济发展更加迅速，从而加快了新经济时代全社会的融合。此外，在知识经济条件下，文化创意产业正逐步形成新的经营模式。这种新的活动模式与智能服务和知识发展密切相关。这是因为文化创意产业依赖于与其他生产要素密切相关的文化资源，并强调文化产业与产业文化创新是文化、科技、经济的相互渗透、融合，以及经济模型的约束和优化。特别是以创新为核心的文化创意产业活动模式，强调人在经济发展中的主导作用，立足于文化、知识、智慧、价值观、精神动力、人文环境和文化高科技发展创造的巨大创新潜力。

2. 文化创意产业跨国界、一体化的理念

创意产业的基本思路是，通过"跨界"经营促进各行业、领域的结构调整与合作。这主要是基于创造性的渗透性。正是这一产业的强大渗透带动了国民经济产业的新增长。其具体表述是：一是农业注重科技创新，节约资源，呈现科技发展趋势；二是产业结构升级带动企业改制；三是部门的不断分拆，打破了以往两、三个行业的界限，服务经济的概念已深入人心。

这些影响一方面可能是由于文化创意产业是在以往一般文化产业的基础上发展起来的；另一方面，这是一种新的工业模式，与过去不同。文化创意产业是在充分发展制造业和扩大服务业的基础上形成的，这是第二产业和第三产业融合的结果。但不同于以往二、三产业的发展，在当前的全球消费时代，市场全球化、需求的灵性、个性化和统一、消费模式、网络的融合使文化创意产业发生了根本性的转变，过去的可持续产业发展模式取代了创造性规划的改变。创意设计、创意营销、创意消费，所有这些都包括一个以高文化、高科技为核心的文化创意产业链，以及社会创意阶层的高度管理，特别是创意人才。

3. 文化创意产业是一个新兴产业

文化创意产业是产业发展新阶段的产物，特别是21世纪之后，文化创意产业的表现优于文化产业，逐渐发展成为新兴产业。与此同时，文化创意的产业特征也日益突出。文化创意产业继续推动社会生产力发展，形成新文化，促进文化与经济融合。

文化创意是全球性的资源，不受时间和空间的限制，因此，文化创意产业是一个不断扩张、开放和促进的产业。它不仅创造了无限的新产品、新服务、新市场、新就业机会和新的社会财富，而且大大提高了生产水平。许多西方学者指出，文化创意产业在优化现有产业结构方面发挥着重要作用。例如，英国科学家奥康纳曾说："过去10年，地方和区域战略面临的挑战是找到一种方法，将文化产业与更广泛的工业产业联系起来。"

4. 文化创意产业也是风险产业

文化创意产业生产的产品不再是满足基本的物质需求，而是超越精神、文化、娱乐和心理的东西。随着生活水平的提高，人们对精神产品的需求普遍增加，这是文化创意产业发展的主要动力。但对于电影、电视剧、商业广告、MTV、动画、网络游戏等特定产品，这种需求是不确定的。这是因为每个创意产品都有不确定因素，如时尚趋势、个人爱好、炒作媒体、时间、社会环境、文化差异和地理特征，这大大增加了创意产品的风险。因此，文化创意产业的发展需要政府的支持和引导。

从现代经济发展的角度来看，文化创意产业无疑是一种风险产业，因此对文化创意产业的投资是一种风险资本。风险资本被认为是以知识创新和高科技为基础的现代经济增长引擎，具有高回报潜力、高回报和高增长潜力。然而，如此高的收益率也可能面临风险。例如，即使在成熟的好莱坞电影中，著名的导演也不能保证每部电影的成功。成功与风险并存，这是文化创意产业的魅力所在。

第二章　文化创意产品的相关设计与发展思路

第一节　文化创意产品的概念与特征

一、文化创意产品的概念

文化创意产品是文化创意产业中产出的任何制品或制品的组合。从文化创意产品的形式来看，包含两个相互依赖的部分，即文化创意元素和载体。其特殊性在于核心价值，内容必定依存于特定硬件介质的基础上。

（一）创意内核

文化产品在本质上是通过人的劳动创造的产品，满足人的精神文化需求。然而，文化创意产品不同于一般文化产品，但却是文化产品的重要产业。文化创意产品强调创造力、创新性、个人和集体的创造力和知识的作用，以及文化在社会经济支持和激励中的作用。文化创意产品的目的是探讨文化元素或因素，通过不同的设计手段、表现方式和新的表达形式诠释文化创新，从而提高商品和服务的附加值，为消费者提供独特的消费体验，唤醒新的消费欲望，刺激消费增长。

（二）商品属性

文化创意产品与一般的文化和物质产品一样，具有共同的属性。恩格斯总结道："商品首先是私人产品。但是，只有这些私人产品不是为自己消费，而是为他人的消费，即为社会的消费而生产时，它们才成为商品。"也就是说，文化创意产品首先是面向市场消费和获得经济效益的商品。

（三）文化基因

文化创意产品作为文化产品的重要分支，必须具有反映当代文化生活的文化内涵和文化功能。同时，为了满足市场需求，必须不断关注人的意识水平的发展和提高、人的精神状态的改善及人的道德观念的灌输。

二、文化创意产品的特征

（一）独特性和超越性

衡量一个新想法有四个标准：它必须是个人的、原创的、有意义的和有用的。文化创意产品本质上是"除旧立新"，即创意产出，独特性和超越性是文化创意产品所追求的重要品质。

（二）商品性和精神性

文化创意产品还具有商品性和精神性，同时也决定了在文化创意产品的创意和制作过程中，经济利益与公共利益之间的一致性的必要性。面向市场，必须追求经济效益，但文化产品作为社会的文化生活服务又必须发挥作用，必须为创造良好的社会效益提供积极的精神导向。台北故宫博物院前院长林曼丽女士在设计台北市一系列的故宫文化创意产品时表示：创意文化商品是为年轻人设计的，这也是为了让他们知道，故宫可以离他们很近，让这些代表文化价值的新商品吸引年轻人主动进入故宫，了解故宫典藏之美。设计师必须能够通过提取文化元素和根据年轻人的审美观念重新设计文化收藏来提高年轻人对历史和古迹的兴趣。文化创意产品既是消费品，又是文化教育的手段，拓宽了教育民众的途径和手段。[1]

（三）民族性

一个民族的生活方式和风格特征可以普遍体现在他们所产生的各种文化价值观中。每一个民族都有其特殊的历史，所以每一种生活方式都是独一无二的。不同国家的文化创意工作者都在努力发展和创造反映自身利益的创意文化，以吸引其他民族的关注。目的是渗透价值观，获取经济利润。在这一背景下，文化创意产品承载了巨大的民族性，以唤起新一代对其文化的认同。

---

[1] 吴翔.产品系统设计：产品设计（2）[M].北京：中国轻工业出版社，2000.

（四）一致性和连续性

与传统的文化价值观一般采取个体形式不同，文化创意产品更多地表现在特定主题的背景下，以群体或系统的方式在社会意识中形成。这主要是因为现代文化创意产品的设计主要与特定的地理主题（如北京故宫博物院）或任何娱乐时尚IP（如迪士尼等）有关，由于文化主体最发达，固有的文化因素数量、种类繁多，不可能呈现出个别的元素。此外，由于文化创意产品以创意为核心，若创意观念不合时宜，消费者的利益很少能长期维持。为了最大限度地利用文化创意产品的优势，文化创意产品还必须引起消费者的兴趣，并通过不断创造关于同一主题的新产品来增强消费者的记忆。因此，在发展文化创意产品时，必须考虑未来，单纯发展缺乏前瞻性和可持续性的文化创意产品是不可行的。

第二节　文化创意产品的设计与理论

文化创意产品的设计不仅包括产品的内容、功能、材料、工艺、生产过程等，同时也是消费者和建设者各自的社会经济和生理心理因素体现。文化创意产品的设计考虑到了人的需求，伴随科学技术的发展、审美认知的提高和人的世界观、消费观的转变，信息传播手段越来越多样化。文化创意产品是根据文化特点设计的，现代消费者应从更广泛、更开放的意义上看待和接受不同文化和风格的文化创意产品设计。

一、现代创意文化发展史

随着社会经济的发展、科技的进步、世界文化艺术交流的日益频繁，人们开始追求设计的多样性。设计时不仅考虑实用性，而且从不同角度考虑其意义和价值。为了满足多样化的需求，在设计现代文化新作品时，可以探讨文化创意产品设计多样化的可能性，涉及以下几个方面。

（一）科技进步丰富了设计手段

现代社会正经历一个科技飞速发展、新技术开发利用、新材料、新工艺不断涌现的时期，使文化创意产品的设计选择更加广泛，突破了设计的局限，提高了产品的销售能力，通过提供多种手段设计文化创意产品，改变生产方式和手段，促进文化创意产业的发展和繁荣。

（二）经济发展保障物质安全

当前，全球经济和市场广泛开放、互换，创造了世界市场。作为生活必需品，文化创意产品受到经济水平的制约，在经济繁荣时期，消费者对文化创意产品的需求不断增长，经济为文化创意产业的发展提供了物质支持，经济则通过发展创意产业发展。

（三）信息交流促进文化交流

在信息快速交流的今天，各国之间的文化交流与融合更加紧密。文化的碰撞和价值的差异为文化创意产品的开发提供了不同的文化资源，全球信息共享和获取便利了艺术作品的开发，消费者能更广泛地了解全球文化趋势和世界不同地区的文化创意产品。

二、不同类型的文化创意产品设计

不同时期，不同地区形成不同的文化，每一种文化都具有其他文化所不具备的优势，其习俗、物质基础、文化心理等各种环境影响都不同，从而形成不同的价值观和思维方式。文化交流丰富发展，在发挥优势、相互融合的过程中不断创新。不同类型的文化创意产品，可分为三类。

（一）博物馆文化创意项目

博物馆的公共教育和娱乐功能是文化传播的重要手段。根据藏品和展品的不同，博物馆可分为历史博物馆、艺术博物馆、自然和科学博物馆、地方民俗博物馆和综合博物馆。文化古迹资源的多元化，使博物馆成为创意文化的奇特作品。博物馆的文化创意产品不仅具有商品属性，而且具有象征意义、美学意义，它可以传递一种情感触发文化，使参观者的感受更加丰富。

（二）开发新的旅游文化产品

在快速发展的信息时代，人们的民族意识和民族文化意识逐渐增强，因此开发和应用区域文化创造旅游创意产品可以提高地理文化的价值。当前，各国都在努力将民族特色展现在广大消费者面前，旅游文化创意产品将民俗文化的地域元素与实践创新相结合，不仅能彰显传统文化的价值，推动民族传统文化的发展，也会给消费者以情感共鸣，让其对民族传统文化更加了解。

（三）校园文化创意产品设计

校园文化是学校的精神文化阵地，基于学校的人文特色，结合学校的历史文化特点，发展学校文化和创意产品，是品牌发展突出优势、提升影响力、创造一定经济潜力的重要工具。校园文化创意产品在很大程度上起到了塑造校园记忆的作用。

三、多元创意文化价值的表达方法

在全球化时代的今天，人类进入了信息社会，文化艺术交流日益频繁，文化多样性和文化创意形式更加突出，打破了既定的思维模式和地域局限。现代设计往往建立在消费的基础上，通过设计将文化元素融入人们的日常生活。新一代文化创意产品消费者提出了更广泛的需求，促使设计师运用多样化的表达方式，使产品丰富多样。同时，不断从不同地区、不同历史时期的文化艺术中借鉴，结合现代审美兴趣，创造更多的表现形式及独特的产品设计风格。

（一）文化创意产品设计的多样性

文化创意产品应该吸引消费者，这样消费者就有了购买的动力。首先，必须设计独特的外观，文化创意产品的外观必须符合健康的审美观和消费者的喜好，具有普遍、多元的消费导向。在造型领域，不同时代的不同消费者群体在美学追求上有很大的不同，使造型设计在状态上也呈现出多样性。

（二）文化创意产品所用材料的多样性

使用不同的材料可以反映产品的不同品位，因此在材料设计中的重要性不亚于产品本身的设计。随着科技的进步带来了材料的创新，设计师有了更多的选择、可以混合和甄选材料的机会，同时也扩展了设计思路。

(三)文化创意产品功能的多样性

文化创意产品的设计不仅是为了美学设计,而且是为了实际应用,同时也是为了在文化创意产品的设计中有所选择。现代文化创意的运用功能越来越多样化,如钱包、手提包、披肩等服饰文化产品的加工成为越来越重要的设计方面。

(四)文化创意产品种类的多样性

文化创意艺术作品的设计具有较高的文化和地域多样性。设计要适应当地的自然环境,也要适应本土的人文观念和地域性,因此原材料、设计元素等自然不同,如苏州工艺美术馆的各种手工艺品,成本不菲。这类手工制作的文化产品,虽然成本高,但仍能促进本地传统工艺品的保存和转移,使其更具多样性和细节化。

工业文化创意产品的设计具有较高的生产效率和规模。这反过来又促进了文化的大规模传播。这些出版物包括书籍、小册子、手册、光盘等。例如,一些与故宫有关的书在故宫博物院的线上旗舰店出售。

随着消费能力和生活质量的提高,人们更喜欢"带回家"的文化创意产品。这种创造性的文化价值观倾向于选择最具代表性或特色的文化元素来设计、灵活应用文化元素,并将文化内容转化为具有实用价值的产品。它有不同的类型和形式,既有美学的,也有创造性的,可以对消费者产生不同的影响。文化创意衍生产品可分为三类:玻璃杯、枕头、餐具、钱包等日用品;文具,包括钢笔、笔记本、文件夹、书签等;T恤、领带、围巾、储物袋等生活用品。

高科技仿制文化创意产品的模式,主要是为了满足收藏和赏玩的需要,分为两类:一是复制成本高、使用材料和方法复杂、传统文化古迹修复率高,主要面向高质量的消费者,具有价格更高、产量更少等特点;第二种是物美价廉的复制品,可以大量制作,利用各种材料复制,虽然不可避免地失去原有收藏的美感和艺术性,但考虑到市场情况和实用性,可能适合大多数民众消费。

四、当前文化创意产品设计的不足与发展趋势

此外，文化创意产品的设计也存在一些微小的缺陷，主要体现在以下几个方面。

（一）缺乏文化内涵

科技突飞猛进带来产品功能创新，不断刺激产品更新换代，一些设计师只追求商业效益，强调功能至上，导致产品缺乏文化内容。同时，飞速发展的制造业僵化地、盲目地积累文化元素，将文化元素与形式、语言、感知和文化语境分开，造成文化创意产品中的文化缺失。

（二）创意方面的差距

目前许多文化创意产品存在山寨设计、同质化现象，且设计缺乏创新思维，只是以简单复制、放大或缩小的形式，以低质量、低价格抢占市场；一些所谓的文化创意产品，甚至只是普通工艺品的形象，或者是市场上需求量大的常见廉价产品。在不同的地方购买的各种各样的文化和创意产品，这些产品本身并未显示出与主题相关的特点。

（三）文化创意产品设计缺乏连续性

随着消费者市场对文化创意产品质量的要求越来越高，从长远来看，如果不创造文化创意产品品牌、不注重产品设计的连续性，虽能在短时间内实现盈利，但无法成为独一无二的产品，日后，终将在市场上被淘汰。

（四）文化创意产品发展不平衡

在一些大城市，博物馆文化创意产品的设计较为完整，如大英博物馆、故宫博物院等。但在其他地方，博物馆发展缓慢，没有为系统的文化创意产品建立机构。旅游文化、创意商品和文化企业等商品发展不足。

鉴于当代文化创意产品设计的特殊性和不足，下文将着重介绍这一领域的未来发展趋势。

1. 文化创意产品系列化

在创新、文化、创意产品的开发过程中，一系列主题产品具有绝对优势。文化元素用于各种设计模式、颜色、材质、结构等，提高消费者对文化元

素的关注，有利于其传播。系列文化创意的发展有明确的主题，可以根据消费者的需要来发展。

2. 文化创意产品生态化

不断变化的价值观增强了文化创意产品设计的连续性，现代设计发展方向应以满足人民群众的生活需求为目标，同时也应满足积极健康、不损害生态环境的要求。在设计产品时，我们必须考虑其早期和后期应用对人们生活条件的影响。

3. 文化创意产品个性化

为与其他同类的文化创意产品有所不同，具有品牌效应的创意文化产品制造商，除在设计上展示创意外，也可在文化创意产品、包装及广告上使用特别标志，以展示文化创意产品的特点，吸引消费者关注。

4. 文化创意产品多样化

现代多元化的文化创意产品，其设计提供了广阔的发展空间，文化创意产品提供了广泛的文化、艺术、心理等产品，形成一个整体的产业链，属于第三类产业，具有较高的知识水平，以及高附加值和低能耗、低污染等特点。未来必须加快文化产业和其他产业的跨境融合发展进程，建立专业组织，对各类资源提供支持和互助，从而提高创新服务质量，增加附加值，塑造品牌，推动文化创新体系发展，以形成整体稳定的产业链。

世界是多元的，一切事物都有自己的特点。多元是事物发展的基本形态。文化价值观和思维方式可能会与不同的特征和语境发生冲突。在全球文化产业和创意经济发展的大背景下，文化创意产品利用自身的文化资源和设计进行文化创新活动，不断与创意产业、产品设计和文化传播融为一体。

通过对文化创意产品现状的分析研究，以及对文化创意产品发展的具体案例的分析，可以产生文化创意产品的多元特征。目前我国文化创意产品的设计开发正处于探索阶段，今后在文化创意产品设计的发展中，将新的多媒体设计与文化创意产品更加紧密地结合起来，创造出更加多元化的产品，此外，还将深入文化创意产品的消费受众。同时，将扩大建立文化创意产品设计交流平台，有效指导文化创意产品的开发、生产和推广。

五、基于中国传统文化的创意产品设计

（一）当前传统文化作品模式存在的问题

随着我国文化创意产业的发展，文化创意产品市场从无到有，时至今日，受到政府的高度重视和大力扶持，越来越多的高等院校和个人积极参与其中，贡献力量，文化创意产品发展趋势一切向好。然而，影响制约其创新的因素仍然存在。

1. 过度使用文化元素

我国是世界上拥有丰富传统文化的古老而悠久历史文明的国度之一，这对艺术作品的创意具有极其重要的意义。设计是一种创造，需要不断吸收、消化外部灵感来源才能实现。但是，一些设计师在创意产品设计上明显缺乏思维的灵活性，对传统文化的理解和分析是片面的，只代表了传统文化元素的形式重复。产品的融合不仅不能反映设计师对传统文化的理解，也不能反映独特的民族性格，产品过于沉闷，无法从众多混杂的"堆砌"元素中产生新鲜感，只能算作低成本生产工艺产品。因此，不追求质量、文化内涵、民族特色的商品，不仅不利于文化创意产品市场的进步，而且在一定程度上影响消费者对文化创意产品的理解，对创意文化的发展产生极为不利的影响。

2. 传统文化产品设计中缺乏稳定性

文化创意是提高产品附加值的有效途径，而设计风格延续性和可持续性是产品品牌价值的重要保证。良好的产品开发需要设计风格的统一，统一的设计风格将是产品品牌的重要标签，便于企业产品信息向社会大众传播，在长期发展中树立企业产品的鲜明形象，使广大消费者对产品产生信心，从而促进企业经济发展。然而，由于时代的飞速发展，大多数企业为了在短期内尽可能地让消费者大开眼界，倾向于大量产生短期快速的文学创新。尽管在短期内，但文化创意产品品牌在热度过后不久就缺乏连续性，也失去了自身价值，失去了自身长期以来对传统文化本身的认同，不利于企业发展及市场稳定。

（二）设计传统文化作品的前提

1. 功能需求

功能性是产品设计的基本原则，功能性差的产品即使设计好也未必精致。产品本身的可靠特性是任何产品都需要优先考虑的。其中所承载的对人的安全、稳定和适应的考虑是必要的。优秀的创意产品不仅要满足人们的精神需求，更要赋予其现实意义。鉴于传统文化的独特性，产品的选择也应更贴近生活，如家居用品、衣物、餐具、家具等。传统文化本来就存在于代代相传的都市民俗中，因此产品必须更好地融入民间生活，才能体现文学创意的价值，即所谓艺术来自生活而高于生活。

2. 文化需求

文化是文学创意的灵魂，也是消费者在选择普通产品和创意产品时主观愿望的重要影响因素。同时，信息的传播应该有助于提高大众对传统文化的认识。文化原则是创意产品应遵循的基本原则。

3. 审美需求

审美因素是设计人员在产品开发初期必须考虑的一个重要因素，在功能性差异不大的情况下，审美原则是消费者选择产品的重要因素之一。要严格遵守审美原则，在设计中充分考虑当前人口中的审美观，在产品功能性的基础上最大限度地满足消费者的审美需求，生产大家都能接受的产品，从而提高大众对产品的兴趣和企业的话语权。

4. 创新需求

一个时代的飞速发展使人们受益，这意味着它的各个方面的更新进程都在加速。而以文化和生产为基础的产品更容易追随时代的脚步，因此设计师必须时刻保持敏感的"嗅觉"，不断留意社会审美需求的变化，以及产品的精益求精和改造，以最大限度地及时满足消费者的需求，并提出文化创意的最佳载体。

5. 情感需求

此外，消费者的感受对创意产品也非常重要。当前，随着消费者购买力和生活需求的不断增长，公众的感受越来越受到重视，能够引起消费者反应的创造力显然更容易融入市场。同时，商业的利润及文化信息传递的效率的提高，使得在消费者感受情感的同时，传统文化知识的觉醒效应也越来越突出。

六、基于中国传统文化的文化创意产品设计的思路探索

1. 传统文化要素的合理利用

传统文化是一个民族的文化特色，是一个民族普遍认同和独特存在的标志，传统文化作为融入文化创新的要素，不仅推动创意创新，延续中华传统文化，而且在精神上增强了人民的民族自豪感，这是一个非常有益的因素。因此，在文化创意产品中，加入我国传统文化元素是文化创意产品发展的必要方向，也是我国传统文化新时代保存的必要且重要的途径。然而，文化遗产作品的文化传递，不仅要复制、重复过去，更要从传统文化中汲取、融合、拓展，使之成为代表文化的独特属性，同时在规划文化新境界中增添新时代元素。这不仅反映了我国人民的精神特点，也促进了智力的进步，而不是沉浸在过去，这对文化的发展有很大的帮助。此外，更有效地利用地理文化也很重要，在相同的设计风格下，灵活融合每个地区的传统文化元素，相信会产生"一加一大于二"的结果。

2. 传统文化的抽象概念整合

中国哲学一直是世界上最具影响力的思想之一，世界四大文化圣徒必有一个是中国人。"天人合一""无极"等都是抽象哲学的典型代表，在我国极具代表性，也是传统文化观念特别是思想的杰出体现。设计师在产品中加入了具有丰富抽象哲学的文化元素，使其能够创造出更具民族特色的文化产品，同时，这些哲学元素的最佳利用将使产品本身能够传达哲学精神，使文化更具价值。这些自古以来就深深植根于我国人民心目中的哲学思想，也使消费者更容易获得文化价值所传递的信息。

3. 注重现实生活体验，将传统文化情感融入设计

艺术和设计的本质均是源于生活，因此也需要融入生活，不能与生活紧密联系的设计价值很少能够付诸实践。而设计灵感主要来自生活中的所有细节，就像牛顿因为苹果而发现引力一样，设计灵感往往来自某个意想不到的细节。要确保思维不断与时俱进，结合人口心态、审美需求，多开发具有传统文

化的创意产品，将设计感受融入产品，尽可能让广大消费者产生共鸣。设计细节越多，越容易进入消费灵魂，消费者就越多。

社会发展势在必行，文化产品要始终沿着社会前进的脚步，不断创新哲学，改变方法论设计，把传统文化更多地融入一个整体之中，结合群众行为特征、审美需求和功能需求，设计更多具有国家特色的创意产品，满足群众的生活需要，也最大限度地满足群众的精神需要，有利于中华传统文化的保存和发展。

第三节　文化创意产品的设计原则

目前，我国文化创意产品博物馆在开发层面存在以下主要问题：一是质量粗劣，感官体验不好；二是文化深度不足，与博物馆创意产品融合程度低；三是形式平庸，缺乏吸引人的设计；四是简单地照扒，设计毫无新意；五是艺术表现过于诉诸理性，忽视情感设计；六是大众设计，特点不明显；七是产品分散，缺乏明确的博物馆标识；八是产品开发不能覆盖所有背景和年龄结构的人群。

在国际上，开始开发文化创意产品的欧美博物馆，在早期的开发过程中也遭遇了类似的问题，通过深入的市场验证、加强科研项目、完善产品结构等，逐步克服或改善这些问题，为我国在文化创意产业发展初期积累了丰富的经验。针对这些问题，我国借鉴国际博物馆设计界的意见和经验，突出了博物馆文化创意发展设计阶段应遵循的九条原则：精品设计原则、深度设计原则、审美设计原则、亲民设计原则、情感设计原则、新颖设计原则、特色设计原则、系列设计原则、分众设计原则。

一、精品设计原则提升产品使用舒适度和便利性

我国博物馆文化创意产品的一个主要问题是质量的异质性。文化创意产品首先要具有功能价值和实用价值，其次要考虑到与之相关的文化艺术因素，

表现出独特的象征意义。在当今以品牌竞争为特征的消费社会，严格规范产品质量是企业持续经营的根本原则，也是使文化创意产品从众多具有相同功能的产品中中获得消费者青睐的根本原则。对于文化创意产品来说，质量的重要性不亚于为其添加文化价值。提高文化创意产品的质量，不仅需要对生产过程和产品生产技术进行严格的筛选和控制，更重要的是，从产品前沿的设计环节开始，就需要形成"精品意识"。

所谓"精品意识"或"精品原理"，一是需要精心确定材料、颜色、装饰、整体造型、详细布局、生产工艺等内容，才能设计出更精细、更具吸引力的产品外观；二是充分运用人体工程学、设计心理学等理论对产品进行功能设计，使产品具有商品的使用性和实用价值。从20世纪以来设计产业发展的历史可以推断，其可分为30年代的功能设计、50年代的近距离设计、70年代的趣味性设计、90年代的新颖性设计、21世纪的人性化体验设计五个阶段。[1]人类经验概念的发展目前正在全面展开。我国许多博物馆在文化创意产品的数量和种类上仍更加注重多样性的发展，这需要加强。值得注意的是，推行精品原则，不是要单纯提高产品价格，以强调其"昂贵"的品质，而应包括在日常消费的文化创意项目的发展过程中，顾及产品的每一个细节，使消费者产生良好的使用体验。

二、深度设计原则有效传达博物馆文化信息

在设计博物馆的文化创意产品时，必须遵循"深度设计原则"。首先产品必须具有文化深度，而不仅仅局限于通过外表传递文化信息；其次，产品设计要符合博物馆的教育目标，有效传递博物馆的文化。

2015年，北京掀起销售故宫创意文化产品的热潮后，有学者也提出不同意见，认为类似清宫剧的"萌芽"产品过于迎合市场，违背了博物馆发展文化创意产品的根本宗旨。也有专家指出，"从台湾博物馆衍生出来的文化珍品，大量制造、重复、价值递减，刻意制造文化假象，没有博物馆应具有的文化本

---

[1] 林荣泰，林伯贤. 融合文化与美学促成文化创意设计新兴产业之探讨[J] 艺术学报，1998（85）：81-105.

质与伦理。"①

因此，博物馆文化创意必须展示文化价值所体现的深层文化内涵和魅力，形成人文艺术条件，从而拓展过去的生活、文化和记忆，传递文化艺术的知识和经验。如果只使用质感、意象等艺术品来设计产品，注重外观的重现，那么就可能使产品流于表面，不能有效地传达深刻的历史文化价值观及与文化博物馆特色相关的思想，因此，商店出售的商品必须符合博物馆的目标；同时，博物馆也须顾及文物深度教育的功能，即使博物馆并非自行发展物品，而是委托外界，博物馆也须严格监察这些物品是否符合博物馆的宗旨、特色和教育目的。

对博物馆文化创意产品的设计者来说，要在设计层面上贯彻深度设计原则，文化创意产品的定位必须超越博物馆古迹，将博物馆视为展览之外与观众沟通的另一有力工具，更有效地加以利用，走出博物馆，经常和观众在一起。同时，文化创意产品在层面上传递信息，除所谓的"正确知识"外，更广阔的视野应能增强观众创造意义、诠释意义的能力。因此，产品的设计重点应该从"信息传递"转向"经验创造"，以吸引用户的兴趣，这是产品设计的现实问题。有关文物和博物馆的资料，不能只在文化创意产品的表面"印"出来，而应让观众理解其深厚的文化意义，真正增加使用者对该产品的兴趣，从而真心实意地喜爱及经常使用该产品，从而真正实现博物馆作品文化创意的教育目标。

三、审美设计原则提供消费者美感体验与艺术涵养

有学者认为，审美经济时代已经来临，审美因素广泛渗透到商品中，给消费者充分的审美满足感，是文化创意产品的一大特色。在"日常生活审美化"和"审美大众化"的趋势下，审美价值成为文化创造的重要价值。未来的设计，技术只是辅助工具，美学才是最终目标。设计师设计产品的责任，除为消费者提供方便和舒适外，也应加深消费者的观感，使其享受艺术处理和情感

---

① 陈国政. 台湾博物馆之卖店生态与文化商品研究[D]. 台南: 台湾成功大学艺术研究所, 2005.

植入。

如何在产品设计中实现最大的美学，值得博物馆和设计师仔细思考和研究。大多数文化财产本身具有较高的艺术审美价值，如绘画和雕塑作品，作为旨在保存、加强和展示其审美特征的原型产品，有效地传递展品的审美价值，避免因不合理或任意提取元素而对产品美学造成损害。一些独特的历史文化价值观，美学的表象不可能明显，这就要求开发者能够灵活地提取和运用文化元素，结合现代美学设计风格，强化产品的美学特征，同时也传达文化内涵。设计师从消费者的感官中获得审美愉悦，主要通过传达造型、笔触、线条、色彩、装饰、细节等传达审美愉悦。

四、亲民设计原则使产品走进大众日常生活

创建博物馆文化作品和创意产品，以树立人们的价值取向，一要专注于开发能够融入普通消费者日常生活的大众消费产品；二是产品价格应适中，配合消费能力及一般博物馆参观者的需要。发展创意文化产品的最终目标是发展与博物馆品牌和展品相关的文化价值实现的教育功能。只有真正走进人民的日常生活，成为使用频率高、性能好、铭文好的民俗产品，才能彰显产品的文化美学内涵，从而在潜移默化中产生艺术和人文感染的效果。

长期以来，我国许多博物馆之所以公众寂寥，除展品陈旧、自我表达管理不善、广告横行外，更重要的是博物馆自身表现出的严肃性，给观众造成心理和情感上的隔阂。新的博物馆运动有助于博物馆制定以人民为中心、以教育为中心的发展目标。

研究显示，在博物馆所设计的众多文化创意产品中，最受欢迎和最有趣的是价格在百元以内的生活用品。如北京故宫博物院在以亲民设计原则对文化创意产品进行改造后，将营销与上线相结合，创造了销售奇迹。博物馆文化作品和创意产品在"觉醒"中的发展也引发了国外的潮流。大英博物馆以"小黄鸭"系列产品广为人知，配以埃及狮身人面像、罗马士兵等珍藏文物，呈现了"呆萌"特色。因此，博物馆对文化创意产品的发展，需要建立和回归大众体验。

五、情感设计原则给予消费者愉悦和感动

在互联网时代,以人为中心的设计更为重要,就是说,设计的目的是满足人们的需求。不同于一般工业设计注重物质、智力和理性方面,文化创意设计必须满足人性化、感性和历史性的要求。除了功能,我们还需要故事来美化生活,创意产品通常都有非常有趣的故事。情节是情感设计的重要内容,在同质化产品的竞争中,由于转向感官思维和消费动机,具有"历史"的商品可能会更加壮观。

过去常使用"3C"一词来指高科技资讯家电产业,而文化创意产品可以归纳为"4C":文化性、选择性、趣味性和创造性。文化创意产品的一个重要方面是用户的满意和感动。因此,博物馆设计了一套"3C"周边产品的文化创意元素,改善科技产品冷冰冰、纯粹理性的面貌,让其与消费者有更多的情感接触。

关于文化创意的故事有两个来源:一个是关于原型本身的使用故事,另一个是关于它们在传播过程中发生的故事。例如大英博物馆的其中一个拼图产品,表面是一块普通的马赛克,完成后展示了三个中国瓷瓶的图案,背面写着:"这三件物品是去年一个没有系好鞋带的游客不小心打碎的,但我们都修好了。"这类"意外"也令消费者有一个新的认识,即产品是不同的。

在情感设计中,需要注意的是,对于一些文化特色鲜明的产品,不需要过多描述,让消费者熟悉"历史",而对于信息不够明显的产品,则需要在包装设计或产品本身中加上解释性的"讲故事"字样。情感设计的运用还应考虑到不同的群体对文化古迹背后的历史可能有模糊的认识,应努力选择一个能够跨越文化和时空差异的"普世"情节。

六、新颖设计原则激发眼球效应和消费欲望

调查发现,博物馆文化创意产品的主要消费者是追求在线消费、具有一定审美能力和精神文化需求(25~35岁)的年轻人。35岁以上消费能力高的中

产阶级团体，一般不满足于普通的传统文化创意产品，而选择购买科学刊物及昂贵的交易物品，如文物复制品，具有一定的收藏价值和投资价值。现阶段，一批包括年轻人在内的消费者更注重个人的自我表达和对时尚潮流的追求，外观新颖、充满活力、有趣、独特，充满现代感的设计更符合他们的品味，因此原创设计可以满足他们的心理需求。

事实上，文化创意产品最重要的特征之一"创意"本身就意味着"新颖"。"创意"的特点是打破传统观念和形式的束缚，追求新的产品理念、新的设计、新的技术、新的面貌、新的功能。就其本质而言，创造性的文化价值观，即设计师运用发散的创造性思维，巧妙地将看似不可能联系在一起的元素和现代产品结合起来，给人一种新奇感。另外，外观新颖和装饰品也有很强的心理影响，充分吸引了消费者的注意。新技术、新材料的使用赋予了产品新的功能和使用感，是"创新"价值的生动体现。大量被称为"脑洞大开"的文化创意博物馆作品来自原始的感觉。结合古文化元素与现代设计理念，营造出时空转换、古今融合的错觉，引发当下的留恋与思考，正是文化创意产品馆的"新奇"感的终极目标。

正如青年消费者代表了对产品设计的"新颖"最感兴趣的群体，例如，为了充分体现文化创意产品的"新颖"，博物馆必须吸收更年轻、更精英的设计师和专业设计学生的想法，使用不同的设计竞赛组织形式。近年来，上海博物馆和全国多家博物馆还组织了一场文化创意产品设计比赛，发掘了一批创新的设计人才。

七、特色设计原则打破产品同质化困境

文化创意的博物馆作品受到广泛批评的一个主要问题是同质化。原来的产品种类、设计、外观趋于同化，不能表现出博物馆独特的文化和收藏特色，导致吸引力下降，销售量低，不能引起消费者真正的兴趣和购买欲望。

国外博物馆早已认识到"特色设计原则"在发展文化创意产品方面的重要性。展示博物馆自身的文化特征意味着什么？博物馆既没有固定的"产品"，又没有特定形式的"客户"，也没有与对外沟通的方式，因此有必要了

解自己的特点，将其传递给客户，以达到一定的营销质量。博物馆发展文化创意产品的基础应是"充分体现博物馆的文化特征"，馆内以藏品和展品为基础形成的文化特色，以及观众在展品和实验中所感受到的特殊感受，如对博物馆大厅漫步的视觉感知、举办展览的体验等。包括为达成这一目标，设计师首先必须在博物馆职员的协助下，深入研究和了解博物馆的独特文化，例如博物馆收藏的文化艺术珍品，以及博物馆透过展览所能获得的教育效果，以发展与博物馆独特文化相适应的产品，为传播博物馆文化，打造博物馆品牌，发挥教育功能。

八、系列设计原则打造明星展品和博物馆品牌

博物馆还需要特别注意推出系列性产品，可突出明星系列元素，给消费者留下深刻印象，还可以建立博物馆的特殊品牌。博物馆的商店里陈列着不同类型的文化创意产品，这些产品与同一件文物的原型具有相同的元素，视觉震撼力强、标志鲜明，同时也检验了设计人员的研发水平和多样性。例如，卢浮宫城市展馆根据典藏作品《蒙娜丽莎》，开发了多种文化创意产品，包括各种生活用品和魔方、巧克力等。

系列设计原则不仅适用于大型博物馆，也适用于中小画廊，以制定文化创意策略。大多数中小型博物馆，虽然不多，但总有两种"明星展品"，其开发分散种类的博物馆纪念品，吸引人群效果不佳，因此不如把重点放在明星展品上，作为产品系列开发的雏形，以凸显博物馆的特色，帮助在消费者心目中树立博物馆品牌。

九、分众设计原则精准定位营销市场

如果将博物馆的文化创意产品作为一种有效的信息传播工具，那么从广泛传播理论的角度来看，基于一般原则的产品开发可以提高传播效率，实现教育目标。参观者有不同的教育背景和经济背景，来自不同的社会阶层和年龄结构，考虑到需求的多样性和消费能力的差异，对文化创意产品的需求也各不相同。

拥有发达的文化创意产业链的博物馆，将充分考虑目标受众市场的层次结构，在广泛传播理论的基础上，在开发阶段为不同类别受众开发产品。对专业观众而言，对图集和出版物中展品内容及其文化的深入了解更能充分满足他们的需求；对于消费生产率高的中产阶级来说，购买文化创意的博物馆作品不仅是个性的象征，也是一种潜在的投资工具，主要以市场营销为导向；对于受过高等教育、具有一定审美能力，但同时又追求时尚潮流和个性体验的年轻人来说，他们更感兴趣的是融合传统文化元素和适合他们的生活用品类产品。此外，也须顾及博物馆为青少年而设的教育目标，并为青少年设计食物、玩具及教材。

分众设计原则要求博物馆首先对目标受众和消费市场进行初步研究和数据分析，明确博物馆主要受众的年龄结构、知识基础、经济能力和消费者偏好。不同类型的博物馆有不同的受众结构，文化创意产品的发展不能统一。研究表明，从博物馆的广泛规模来看，美术馆的观众综合素质、审美能力和经济实力是最高的，其次是博物馆，主要是历史古迹展览，与参观人数众多的自然科学技术博物馆相比，动植物园的观众经济能力相对较低。因此，不同类型的博物馆研发产品创意，在内容、类型和价格上必然有所不同。从实际的角度来看，国外的优秀博物馆，例如大都会艺术博物馆、大英博物馆等在科研发展过程中的优秀博物馆，更能有效地将传播理论贯彻到大众身上，而我们的博物馆在这方面则稍显不足。

第四节　文化创意产品的设计方法

从设计上看，博物馆文化创意产品的设计既要符合文化产品和创意产品的一般设计规律，又要符合其特点。设计师要充分运用发散思维、联想思维和创意思维，从不同角度诠释文化遗产元素，实现符号转换，打造不同的博物馆文化和创意产品。

一、元素提取式设计

元素提取是博物馆文化创意产品设计中最常见、最容易获得的方法。该项目收集具有独有特征、图像、颜色和造型差异的文物样本。萃取单元设计分为三种应用方式,整体应用、局部截取和结构重组。

所谓整体应用,是在文化古迹整体纹理被微缩化、改变材质后,将应用于产品的创意形式。文物复制品就是这样,在博物馆文化创意产品中占有一定比例。此外,这种方法还可以开发出许多可以直接作为文化财产原型的产品。如根据罗塞塔石碑设计的拼图、明信片、珠宝盒等,外观像石碑,具有完整的图案。

与一般应用不同,部分去除纹理图案并将其应用于工件装饰的做法更为灵活和普遍。服装、珠宝和生活用品等文化创意产品主要是利用当地的文化遗产元素拦截技术开发、保存和传递有关文化古迹的信息。局部截取效果不如整体的完整、单一的应用,这就需要建筑师对背景信息和文化价值有更深入的了解,以及他们从多种文化元素中选择和提取最生动、最可识别、最具吸引力的元素的高审美能力,用于装饰产品,通过绘画实现产品的文化附加值。例如:梵高美术馆通过局部截图设计,将《向日葵》等系列作品进行创新开发设计,极具创意和美感;卢浮宫博物馆围绕展品《蒙娜丽莎》开发了一系列文化创意产品。由于人们对罗塞塔石碑等明星展品的印象深刻,这类开发产品可以免去说明;然而,对于那些鲜为人知的展品,随意截取图案可能会造成混乱,因此最好附上一份设计说明,让消费者对该产品背后的文化价值有所了解。

设计要素外推法(结构重组)虽然使用简单快捷,但在实际设计过程中应特别注意样品与产品的兼容性,一般来说,这种设计方法更广泛地应用于装饰性较强的服装、首饰等产品的设计中,主要是平面设计方法。文化古迹的选择和元素的提取都要经过深思熟虑,一是围绕明星展品收藏的设计,易于识别,更多地揭示了博物馆的特色;二是选择主题和色彩、独特的装饰品或视觉震撼力较大的艺术作品等,具有较高艺术美感和视觉识别能力;三是展品选型必须符合产品本身的功能特点,其材质、颜色和样式与原型接近或兼容,如以文物原型为基础的珠宝、服装等产品，设计时宜用五颜六色的纹理制成图案。

二、功能融合式设计

功能融合式设计是指根据产品的功能需求，结合其使用功能，对文化元素或文化遗产形式进行简化、变形和夸张处理。成品符合人体工程学理论和消费者生理、心理需求，使人们与原型工艺品自然衔接。常见的分解元素结构重构注重平面，功能集成设计注重立体成形和整体重组框架结构，但这种转换代码元素是基于产品功能要求的。

功能融合设计旨在满足消费者行为水平的需求，设计功能合理、操作方便、安全可靠的产品，同时可以引起人们对文物原型的关注。这种设计方法对设计师的创造性思维有更高的要求，产品往往新颖独特。

三、意境传达式设计

"意境"是东方传统美学艺术中一个重要的美学范畴，用来描述一件艺术品，如书画，以传达审美和共鸣，且能够突破感觉和词语的局限性。想象为审美开辟了空间，虚假的交织、人物和神性的聚集确保了旁观者的存在。而西方艺术创意风格虽然被揭示，但也有意义深刻而深远的作品。现代艺术也最常以简洁笔触的形式传达，因此，"信息传递方式"可用于中西博物馆的创意产品设计，需要设计师对古迹和艺术品的审美文化内容有深刻的理解、感悟、诠释，通过创意设计，将它们有机地融入产品中，使产品有效地传达相同的文化理念，让消费者感受到类似的艺术审美品质。

意境传达式设计通常采用比喻、借喻、隐喻等方式来表达原型与产品的联系，意义较为模糊。对于设计师来说，应用"思想传递方式"的产品设计是一项艰巨的任务，如果面对原作，只有走马灯式风格的浅层次理解远远不够，设计起来容易让观众"看不懂"。设计人员必须具备较高的文化艺术素质，要经常"去博物馆上课"，通过策展、展览和项目组织者的帮助，深入学习、掌握文化古迹的背景知识和文化内涵，并具有良好的结构和较强的设计技能，以便能够设计出高质量的创意产品，充分地传达原作中的神韵。

四、情景复原式设计

博物馆的文化创意产品对将古代文化元素融入现代生活具有关键意义，使现代人在风格上不断运用典雅的古韵风格，体验古代生活的场景，对文化古迹有了更深入的认知和了解。正是基于这一目标，场景还原模型通过复制、缩小、放大或改变功能、立体化等方式，将古代文物有效融入现代生活的文化价值观。为了在现代条件下继续使用古老的文化财产，将其有机地融入现代生活，使其在当下能够重新焕发活力而采用情景复原式设计。

情境复原式设计主要有两种方法，第一种是在不改变与原型具有相同外观和用途的古迹原有功能的情况下，以模仿的形式开发创意产品。消费者在实际使用产品的过程中，仿佛走进了古人的生活。如果在原型基础上设计的珠宝与古代珠宝的比例相同，或者只是在其内容和颜色上略微与现代设计相适应，那么这种设计方法就体现了出来。此外，博物馆的创意物品，例如日用品，生活水准更高，很多都是这样设计的。特别是各种精致，或具质感，或有装饰性的瓷器，特别适合于现代食品、茶具的开发，延续或重现原有的使用功能。

情境复原式设计的第二个方法是保留文物的原貌，改变其功能，使其更能融入并适应现代生活。比如，根据《清明上河图》设计的游戏，将画面中出现的人物和场景作为游戏的核心元素，融入任务设定中，增添了人物的奖惩等现代游戏设计元素。以活泼有趣的形式，让玩家在游戏过程中，沉浸并体验北宋时期的风土人情。

五、互动体验式设计

互动体验式教学是博物馆的一项优势。与单纯的灌输式教育相比，博物馆提供了广泛的与观众进行互动的机会。研究表明，学习的互动认知效果远胜于单纯的视觉和听觉学习方法，特别是对以情感思维和好奇心为主的青少年而言。因此，除博物馆发展的各种教育项目都特别强调互动体验外，博物馆在发展文化创意产品时，更应充分发挥这一优势。

博物馆现正致力创意新的文化创意产品，透过消费者的个人使用观感，有助提高教育水平及改善身心状况。大数据、云计算、虚拟现实等互联网技术的出现，使博物馆有机会开发出能够提供更生动互动的非物质文化创意产品，而这类产品的开发则主要采用互动式经验设计方法。

目前，博物馆和非物质文化创意产品的开发，主要有大英博物馆、大都会艺术博物馆等，由多个App指南实时进行展品选择和参观方向导引。另外，还出现了大量互动式应用，旨在以一种活泼有趣的游戏形式传播博物馆文化和展品。这类应用程序的目的是向用户介绍传统文化知识，并通过互动式交流，让参与者习得这些知识。

第五节　文化创意产品的设计流程

博物馆文化创意产品的开发，是按照文化创意产品开发的总体过程进行的，必须经历市场验证、开发与引进、市场评估等一系列阶段。但由于不同博物馆的发展模式不同，在研发环节，对展品的元素进行了准确的解读、视觉符号的转换、古迹信息的传递等。因此，博物馆文化创意产品的设计过程也有一定的特殊性，主要表现在设计主体和参与者的多样性上。

在设计架构上，博物馆文化创意产品的开发设计的主要参与者可能是博物馆内部的设计师、设计学会的会员或独立设计师。这三类设计师在面对博物馆展品的文化价值所涉及的知识深度、创意能力及经验各有不同，从而产生设计过程中主观动态的差异，直接影响产品的质量及创意水平。一般来说，博物馆聘请的设计师都会不断深入研究博物馆的文化。他们大多受过文物学、考古学教育，对博物馆及展品的历史文化价值有更深入的了解，也可以确保博物馆在传播及教育方面的目标得以实现，而这些目标与文化创意产品的发展有关。但这类设计师的设计经验较少，设计专业知识而狭窄，在设计上不易开阔视野，很难设计出内涵与外观俱佳的高质量产品。与内部开发人员不同的是，设计学会成员和独立设计师，具有一定的实践经验和更好的设计专业背景，产品外观美学、功能应用和加工细节将得到更好的控制，并能发展思维，开发出更符合设计心理学要求的产品，产品具有高雅的审美特征。但缺点是对博物馆展品文化不太熟悉，内容和元素提取可能流于表面，设计方向可能偏离博物馆的目标。

　　博物馆文化创意产品的开发与发展的特殊性也在于参与者的多样性。鉴于三类设计师各有优缺点，在设计过程中，博物馆营销、教育和科研部门员工的充分合作与参与尤为重要。在研发前一阶段，市场部门应与研发人员合作，为博物馆观众和市场数据调查与分析的目标消费者提供第一手资料，以便于确定设计目标和市场定位。在具体研发过程中，博物馆教育部门应明确告知产品开发人员，以实现传播教育目标；研发处应提供重要博物馆展品的研究成果，协助设计人员了解文化古迹所固有的基本历史文化价值，并揭示象征形式、图案和特色；市场部门应该提供博物馆过去创意产品的销售数据，帮助设计师了解不同类型作品的受欢迎程度。在产品评估后期，博物馆教育部门应结合定性和定量分析，评估产品是否达到了更好的教育目标；博物馆市场部应积极提供实验进展的反馈意见，方便决定是否扩大产销。除参与有关博物馆的设计过程外，也应考虑将消费者纳入设计过程，透过研究和调查，听取他们对设计、使用和心理期望的建议。博物馆、消费者和设计师三管齐下，参与文化创意产品的设计过程，是产品设计成功实施、产生良好的市场影响力和社会经济效益的重要保证。

　　从具体设计阶段看，博物馆文化创意产品可分为"需求分析""设计实施"和"产品评估"三道流程。"需求分析"是设计前的研发项目，分别是消费需求分析和博物馆需求分析；"设计实施"是设计的基本阶段，在设计人员确定目标后，通过生成项目或模型来实现设计理念，博物馆给予评估，经由反复修改后最终确定并投入生产；"产品评估"是开发设计的后期阶段，博物馆在一定时间内对少量样品进行试生产，由市场主管部门负责销售控制和组织消费者采购调查，反馈销售调查结果，作出决定，是扩大生产还是修改生产，抑或是停止生产。

一、需求分析是博物馆文化创意产品的开发基础

尽管需求分析是整个开发设计过程的初始阶段，但却起着重要的作用，是设计师灵感形成、创意创造、概念设计及设计师、博物馆和消费者之间衔接的重要阶段，消除认知差距，从而为后续项目的设计和实施奠定坚实的基础。需求分析分为两个层次：消费需求分析和博物馆需求分析，两者相互联系、相辅相成。

博物馆文化创意产品的消费者群体包括博物馆的参观者和潜在的消费者，即不同规模和地域的不同类型的博物馆可以吸引观众和潜在消费者，其年龄组成、知识、经济能力、消费理念、审美偏好的特点具有差异性和多样性。博物馆要发展文化创意产品，必须清楚界定消费者的目标组别、针对性地进行产品研发。市场分析可以通过问卷进行，问卷中包含博物馆日常参观者的信息，以及博物馆营销部门运用大数据处理技术对参观者进行的分析结果，深入分析博物馆过去各种原创产品的销售情况，准确定位目标市场。

需求分析的第二阶段，是分析博物馆的需求，包括博物馆发展和开发文化创意产品，以达成产生经济效益的目的，抑或是拓展博物馆的教育功能，还是品牌博物馆的基本策略？在实践中，这三个方面往往是相辅相成的。如果说经济效益是首要考虑因素，那么重点是发展创新、有趣、价格适中的生活用品。如果主要目的是扩大博物馆和展品的文化价值和教育意义，那么产品的文化意义和内容深度是设计的侧重点。若是为了实施品牌战略，带有博物馆LOGO的设计或是围绕明星产品的一系列开发都是首选。在这一阶段，还必须明确哪些算作博物馆的明星展品？通常，博物馆工作人员眼中的"明星展品"与公众意识是不同的。具有较高历史文化价值的"城市展馆珍品"和备受关注的"网红展品"可以作为重要的研发原型。此外，一些同样"知名"且有很大发展潜力的展品，例如图案、意象、质地、可识别性、色彩鲜艳、装饰特色等，也可能是主要的开发对象，有时甚至因衍生产品需求量大而闻名。除博物馆拥有的文化资源外，还需要分析博物馆方的资源渠道。博物馆展品的规模、选址、运行年份和运行策略往往对产品的实现具有重要意义，而线上平台的建

设状况决定了潜在产品消费者的规模和经济能力。

需求分析是设计师、博物馆工作者和消费者共同参与的阶段。设计师通过参观博物馆不断"学习",通过观察、分析、思考、总结、寻找创意灵感,充分与博物馆和消费者沟通,形成最初的设计理念。博物馆市场、教育机构提供观众调查和销售数据,组织读者调查,向设计师解释展品的文化价值。消费者通过问卷,积极提供个人资料、消费者喜好及对博物馆作品的心理期望。在设计师、博物馆和消费者之间建立有效的互动机制,为后续设计阶段提供可靠的保证。

二、确定设计目标并开展博物馆评估

项目的设计与实施是设计与开发过程中最重要的阶段,是设计师在进行需求分析工作后,头脑中萌芽的创意灵感与设计思路,经过具体化形成并实施的模型设计阶段。根据一般的工作安排,这个阶段可分为四步:确定项目目标、准备初步设计、评估和修订、定稿完成。

首先,设计人员和博物馆必须掌握分析需求的信息,并适当地相互沟通,以确定项目的主要目标。主要有拟开发的样品,一般包括文化价值高、知名度高的"珍品"、备受关注的"明星展品"、具有特色的展品、大型主题展品及发展潜力较高的展品。第一,要确定文化古迹的原型,除要配合博物馆和展览的主题外,还须考虑其开发的困难程度,以及设计小组能否物色最合适的展品组别。第二,确定研发产品的种类和数量。根据博物馆可利用的渠道和对过去市场的反馈及文物原型的特点,选择具有市场认同度高、销售率高、易于推广等特点的文化创意产品品种。总体来说,第一次生产不应过多,必须在营销和反馈后决定是否扩大生产。第三,确定设计基本原理和设计方法。设计的基本原理和设计方法的选择受文物原型的不同特点、设计产品的不同种类、设计团队能力的不同影响。由设计人员和博物馆市场部门共同确定产品的目标市场、消费者群体、主要销售渠道和定价。例如,为作为主要消费者的年轻人开发时尚的家居用品和服装,就可以充分利用互联网服务提供商的渠道,制定适中的客户定价。

其次，在确定项目目标后，设计者必须在头脑中展现想法和计划，设计出一个详细的项目，或者使用CAD等计算机模型来进行设计。设计与博物馆整体创意产品的不同之处，在于设计者必须花更多时间和精力思考如何成功地将文化遗产元素转化为视觉符号。能够巧妙地将文物的特色、质地等信息融入设计，准确地传递给消费者，是博物馆创意成功的关键，也是设计师的素质的体现。因此，在现阶段，设计师应充分利用联想思维、发散思维、创造性思维等多种形式的设计思维，注重设计，更要重新研究文物原型的原始数据，反复考虑其历史文化价值，确保准确提取产品设计中整合的最有价值、最具体的文化特征。同时，设计师应坚持"以人为本"的经验设计和人性化设计原则，站在用户的立场，努力提高产品设计的便利性、功能性和美学性。

再次，在初步设计完成后，获得博物馆的评价是必要的环节。博物馆会安排由市场、教育及研究界代表组成的评审小组，评审及分析设计师提交的初步设计。特别是教育工作者主要考虑设计原则、设计风格、信息传递等。研究人员主要从产品的提取、内容解读、代码转换、视觉意义和合理性等要素出发，判断本产品是否有助于消费者加深对展品原型的理解，有效传播文化价值信息，而不会造成模糊，符合产品设计的深度和精品原理，揭示博物馆和藏品的特点。市场部门的工作人员，主要从观众调查和前期产品营销分析等大数据中，初步得出产品设计中确定目标消费者群体的准确合理程度。根据评估结果、博物馆建议修改项目。

最后，在博物馆的建议下，设计人员对设计进行了修改和进一步完善，并再次提交博物馆有关部门审核，等到项目经过博物馆评审后，确定第一次试生产并交给制造商。

三、市场评估是检验博物馆文化创意产品开发效果的重要手段

产品市场评价是博物馆文化创意产品开发过程的后期阶段，也是对产品设计合理性的评价。博物馆或设计方确定第一次生产的数量，并将其引入生产中进行测试。第一批生产量不应过多，应根据消费者数据调查确定产品数量和销售周期。然而，鉴于博物馆文化创意产品的特殊性，不同于以大市场为特征

的产品快速销售的短周期，其周期不应太短，从半年到一年，有足够的时间在市场上进行测试。

  在产品测试过程中，必须有博物馆市场部的领先反馈和评估。首先，组织产品市场调查，让用户了解产品的视觉影响、使用机会、操作方便程度和价格，消费者必须留下经济收入、教育等资料。为了便于对目标群体进行分析，问卷调查可以在购买产品时就进行；其次，在商品销售一段时间后，可以通过电话或邮件获得消费者反馈，跟踪售后；再次，在总结产品销售数据后，对产品下一阶段的市场评估和建议进行分析、准备；最后，根据市场反馈和评价，博物馆市场决定是否将产品大量生产。如果市场反应好、产品好、销售好、消费者反馈好，那么扩大产销，为原创意品品牌博物馆打造产品。但市场评估有两面性，应根据市场反馈修改设计，然后再在市场上销售，并接受重新评估。如果反馈产品有明显的缺陷，那么销售量就有普遍下滑的趋势，应考虑停止生产。

第三章　文化创意产品的多维度开发设计理念

第一节　基于传统文化元素的文创产品设计

市场上文化创意产品种类繁多，从广义上讲，与文化有关并得到一定群体认可的创意才可以说是文化创意产品；从狭义上讲，它是指具有传统文化符号的商品。因此，在现代设计中，将传统文化元素融入现代创意思想是十分必要的，只有梳理好两者的关系，才能协调传统文化元素的符号和文化创意产品的设计。

一、传统文化元素符号的应用原则

（一）区域民族性原则

民族地区的文化遗产历来是一个值得深入研究的问题。文化创意产品的发展可以使区域民族文化不再是少数民族的"私有财产"，这是在以往孤立落后的民族地区振兴活动的有效手段，为农村或自己社区的老百姓的生活服务，走出自然社会生活的惯性，打破时间和空间的界限。作为"自主"使用功能的延伸，传统文化元素符号和文化创意产品结合民族文化融入"他用"，激发文化传播，消除了民族地区原有的"神秘"感，文化内部也出现了新的动力和融合。文化创意产业的发展对民族地区的文化遗产有着强大的推动作用，为自然环境的发展提供了新的机遇，"物质产品"已经不再孤立存在于为小群体服务的环境中，表现为工业化和商业化。传统文化元素与文化创意产品的发展相结合发展的同时，相互加强。融入奇特的传统文化元素，符号成为文化创意的灵魂和核心，其独特的功能也符合现代文化创意的设计。

（二）认知性原则

"和谐共生"的思想体现了生命与自然的共性，共性渗透到文化创造产品中。传统文化的元素被选择、提取、重构和统一。就文化创意产品而言，这一过程的主要任务是认识到传统文化元素的符号本身及区分文化内涵。

这种认知联系也代表了功能和形式之间的平衡。二者之间的强弱关系，类似"蝴蝶效应"，影响着人们对文化创意产品的不同审美需求，也造成了目前存在各种审美和审美观念的局面。

（三）审美及指示原则

1. 指示功能

文化元素的传统符号在文化创意产品的设计中起着重要的作用，因为它们在使用传统文化元素的过程中必然会传递一定的信息和符号。在一定程度上，传统文化元素的符号是对文化创意产品的补充。设计师在文化创意产品中运用传统元素，不仅传达元素的信息和寓意，而且通过"隐喻、象征"等艺术手法，加强了工艺品与工艺品之间的联系。元素符号可以传达道德，因为它们本身就是一个文化符号系统，一个具有表达、语言等功能的综合系统。

2. 审美情感功能

英国学者克莱夫·贝尔（Clive Bell）在其《艺术》一文中指出"艺术品的本质是有意义的"。在文化创意产品设计中起作用的传统符号元素是一种"有意义"的设计方式，在一定程度上满足了受众的心理需求及情感需求。此外，传统符号元素中的审美感受和艺术美学在一定程度上是相同的，能影响人们的心情，让人们享受和感动。

二、传统文化元素符号在应用过程中所面临的问题

（一）"文"与"创"的不平衡

如上所述，目前市场上出现的文化创意形式的多样性也表明了"文"和"创"的发展不平衡。一些文化创意产品只有关于"文"的表达，载体也在"文"的特点上处处做"文章"，混合不同类型的要素杂糅排列。这种表达方式虽然表面上没有瑕疵，但在细小的工艺品下，文化创意的作品太多，而"文

与创"均衡的产品相差千里，仅注重表达"创"的产品比比皆是。

（二）"形"与"意"的不均等

传统元素符号在应用过程中吸收其"形"，通过产品外观表达其"意"。只关注"形"而忽略"意"的抽象概念是不明智的。而仅仅具有象征意义的文化创意产品也没有立足之地。现在一些流行的产品偏好的形式在于迎合大众口味，造成相当一部分人只是理解产品的意思，放弃了传统的元素表达。在从某种传统元素中提取元素时，必须考虑到它的"历史"，如文化禁忌、文化组合等。

三、解决的方式

现代社会环境为传统文化元素与文化创意产业相结合创造了有利条件，为传统文化元素在文化创意产品设计中找到新路径，从而为复兴优秀传统文化开辟了新的土壤。

（一）产品符号的再造

我国有着丰富的民族历史，伴随着民族历史而生的，是丰富的民族文化，在文化创造的过程中为我们提供"完整的基础"。文化符号的传统元素用于现代产品的设计中，需要经历一个再创造的过程，这种艺术再创造的方法分为两个方面：一方面是精神维度，强调通过改变心情来影响人的精神面貌和心灵；另一方面是物质方面，它直接重建了传统本身的一些结构，创造了一个新的对象。这种再生产方式，在赋予产品"生命力"和保留传统文化元素的同时也进行了创新，增强了产品的综合实力和特色。

（二）材质的选用

此外，材料的选择也很重要。在现代设计中，尽管有新技术的参与，但应用新技术作为传统技术替代发展文化创意产品的艺术方法可能会使传统优势化为乌有，并对传统文化符号的指向性产生严重怀疑。但新材料也为传统技术的创新提供了很多机会。工业大生产的出现并没有让传统技术就此没落，而是刺激其发展，在某种程度上可能带来质的变化，引发思考。对我们来说，这一变化可以定义为传统与现代的融合，传统与现代是相互联系的，通过将旧的

"枯燥乏味"转变为"活泼生动",带来了全新的作用。

(三)"一物一心"即匠心

工匠精神渗透到生活和生产及设计的每一个环节,形成独特的文化和精神内容。在文化创意产品设计中,大师的精神在于文化创意产品的外观、设计和对文化创意产品传统元素的探索。每一个时代都有独特的追求,但"精致、微妙"的精湛精神理念不变。

真正的大师精神是谨慎谈论创新的,对传统的认知越深入,对创新的理解和研究就越透彻。每个时代都有不同程度的"创新"风格。"创新"必须立足于传统和现实的需要,模仿古老的传统,这些传统现在是传统文化的属性,本身就是一个变革的过程,吸收传统需要辩证的观点,而不是一味融合所有传统元素。对于这些传统文化的宝藏,作为现代性的继承者,我们必须辩证地看待传统元素的符号,抽取其本质,丢弃不必要的东西。在设计文化创意产品时,可以正确对待传统,尊重传统,而不是简单地列举和扭曲传统文化的元素。

第二节 基于多感官体验的文创产品设计

一、视觉感官设计应用

相关研究表明,在五种感观中,37%是视觉性的。因此,文化创意的好产品首先应该从消费者的视觉形象中捕捉,让人们更深入地了解它、感受它。而视觉包含两个主要内容:颜色和造型。

(一)视觉色彩的应用

色彩作为一种强大的沉默力量,能在不知不觉中影响人们的心理,各种色彩结合在一起,传达出不同的思想情感。在日本文化创意品牌熊本熊等文化创意产品中,形象生动的色彩诠释对于消费购买激情具有重要作用。为了突出该地区的特点,建筑师在熊身上使用了这座城市的主要颜色,它不仅代表了该地区的火山地理文化,也是当地独特的红色食物的象征。大面积的黑色身体,突出脸颊的红润，增加了熊的朴素和憨厚感，深受人们喜爱。

（二）视觉模拟的应用

造型是文化创意产品设计的主要内容之一，它以精确的外形、生动的线条、强烈的视觉效果和舒适感的形式形成。比如，以2008年奥运会的福娃为例，每个吉祥物都有象征性的装饰作为头饰，在和谐的统一中，也没有缺失特色，五个福娃的造型和呈现达到视觉上的统一，满足观众对各种吉祥物的需求。因此，在设计文化创意产品时，应遵守一定的规则，使受众将不同形式的产品视为一个整体。不同的组成部分必须符合受众的期望，并对形成过程中产生的思想提供全面和结构化的解释。

二、听觉感官设计应用

视觉感觉在消费者购买商品时占主导地位，但研究表明，听觉感觉同样重要，占41%。换言之，在色彩之外，人们会注意到美妙或响亮的声音。但目前国内包装市场仍以视觉设计为主。因此，如何充分利用听觉感官特性，增加感官刺激使产品更有吸引力，是文化创意产品开发中值得考虑的重要课题。

（一）听觉包装

听觉包装可以是产品背景语音的补充，可以是简短的广告词，也可以在过程中使用特殊的音效，它们的作用通常是加深对产品的知识和印象。这些包装方式都存在于儿童玩具和一些电子产品中：孩子热衷于新事物，在儿童电子玩具上经常会遇到各种各样的按钮，点击后会听到有趣的旋律[①]。

此外，听觉包装可以根据产品自身结构设计，也可以使用特殊材料使其具有独特的声音效果，从而产生独特的听力识别元素。例如：在拧开可乐瓶时，由于碳酸饮料的特殊性，瓶子发出的声音成为听觉的一个独特元素；印刷在特殊纸张上的书籍，在翻页时会发出更大的声音，从而引起读者的注意。

（二）视觉与听觉相结合

当成型包装产品已经达到良好的视觉效果时，通过对材料和结构的进一

---

① 国家文物局博物馆与社会文物司.新形势下博物馆工作实践与思考[M].北京：文物出版社，2010.

步细化，用户在使用中，产品会发出高品质舒适的声音，给用户不同的感觉。有一个名为"红山实验2.0"的展品，将地球的脉动形态投射到展馆的中央球体上，同时结合声波的变化，让参观者原地踏步，感受整个脉动过程的起伏。与纯视觉传达相比，沉浸体验提供了更多的乐趣，也适用于产品设计和包装，这是一个更符合消费者需求的设计趋势。

三、触觉感官设计应用

在五种感官感觉中，触觉的比例相对较小，部分原因是需要与产品进行身体接触，但仍然是经验运用的重要内容。

（一）触觉包装

触觉包装主要涉及材料质量、质地、纹理、软硬度和整体造型，所有的物品都有特定的成分，而不同的材料和形状给人的感觉却完全不同。随着科技的发展，包装不再局限于传统的工业材料，许多新材料相继用于产品包装。举例来说，现时市面上很多家电外壳已开始尝试使用布艺、木质质地的表面材料，增加了外观的多样性，也为用户提供了更广泛的选择。

（二）视觉与触觉相结合

不同的材料属性和产品包装可以改变。例如，瓶子外观是磨砂或光滑，首先给人不同的视觉感觉，接触它们会刺激触觉，两者结合在一起，增加用户对产品的印象。再比如，织物、木纹赋予人更柔软、更温暖的视觉效果，触摸时没有金属般的冷硬感。因此，在设计过程中可以同时考虑感官体验的这两个特点，让使用更加多样化。

四、嗅觉感官设计应用

气味是一种记忆形式，比视觉图像、记忆更持久。这种气味不仅创造了一种氛围，还能够再现氛围，以唤起用户对过去具体情况的快速回忆，引发情感共鸣。利用嗅觉可以在气味与品牌和文化之间建立联系，从而使文化创意产品为用户带来更深层次的体验。

（一）现有的嗅觉运用方式

作为一种与嗅觉直接相关的文化创意形式，可以称之为"芳香"产品，如"液体"和"固体"芳香，它们本身就是构成文化创意的主题。另一类是产品，它们本身没有气味，但可以将气味添加到其。例如，在古风类文化创意产品中，加入木材香气，让使用者将这种气味和古风的意味产生深刻的关联感。日本的MUJI BOOKS书店也像其他商店一样，致力于传播"生命美学"的概念。在书店里，香氛机一直在"工作"，让进店用户始终被天然香精精油包围，进而产生购买意愿。

（二）嗅觉在文化创意产品中的应用前景

日本开发了一种能够固定和复制各种口味的工具，以重现玫瑰的香味、香蕉的甜味，甚至刺鼻的气味。这使得嗅觉元素可以广泛应用于文化创意产品中。通过对气味的控制、制造，结合App和芳香材料，人们相信，在5～10年内，气味记忆会像现在的摄影记忆一样保持，各种特定的气味可以在朋友之间传递，分享给更多的人，成为独特的保存记忆的流行方式。利用嗅觉技术将增加文化传播和城市体验交流的机会。

五、味觉在文化创意产品中的应用

味觉主要表现在食品文化创意产品上，在一些食品包装设计上，视觉内饰或是反映食品风味的特殊材料已经是一种成熟的多感官应用方式。

软食品包装能让人想到软的味道，而棱角分明的包装则符合刺激性的味道；低饱和度的颜色适合浅色、芳香的味道。这种视觉和味觉上的对应关系可以应用到文化创意产品的营销中，因为大多数人认为图形比文字更直观，当用视觉图像包装来表达文化创意产品的感觉时，会比文字描述更能吸引和打动消费者。

此外，味觉记忆可以在用餐和周围的物理环境之间提供相对稳定的联系，在设计文化创意产品时也能考虑味觉，允许将个人生活记忆融入集体记忆（城市文化、印象、价值观），提升消费者的体验。

城市文化创意产品主要是为了传递城市文化，强化用户的记忆和情感体验，而多感官文化创意产品的核心竞争力在于"感觉"。充分调动"五感"产品，使用户本人也能进行更多的身体互动和情感交流，比单一产品更具趣味性和人文性，是市场的大趋势。

第三节　基于色彩文化的文创产品设计

色彩是人类探索和认识世界的窗口，是绘画、设计和美学的重要因素之一。早在仰韶文化时期，我们的祖先就开始用植物和矿物染色来记录生活。人类文明史表明，任何心理模式都源于文化根源。生活中一些色彩现象折射出丰富的文化，形成独特的色彩文化体系。中华文明源远流长，传统色彩文化熠熠生辉，珍贵的色彩文化资源对现代文化创意产品的开发具有重要的现实意义。

一、融入中国传统文化思想的色彩观

人类对色彩的感知是多维的，主要通过人的视觉系统、文字色彩的意义及一些物理现象来理解和利用色彩。我国色彩文化由来已久，从古代祖先的单色崇拜到矿物、植物等的运用，虞舜时期始形成五色体系，中国民间美学在悠久的民族文化中不断发展。在我国，古代人对色彩有灵性的运用，而西方是对光谱和色谱进行理性分析。我国对色彩的认识是基于感觉系统的，是一种文化诠释。在我国的传统文化中，"颜色"和"物品""方位""动物""季节"等词直接指代产生某种颜色，有时甚至可以取代图像文化的概念。这是中国传统色彩的语言表达。中国人对色彩具有审美的灵性，不仅是空间、时间等因素的结合，更是对情感、时空和物质联系的追求。

传统色彩思维观带有浓厚的封建特色，李广元在《东方色彩研究》一书中指出，自社会建立，色彩的本质失去了原始的情结，开始朝着精神领域的方向发展。随着色彩意识的增强，人类自觉形态的意识逐渐替代色彩本能成为人们意识中的一种沉积。于是，中国古代人的色彩意识逐渐从最初自发的色彩符号转变为精神层面的意识色彩符号。

儒家思想是中国古代的一种基本思想，是我国传统文化的精髓，同时在中国传统色彩的审美思想中，在艺术美学中表现出兼容并蓄的特点。从孔子的儒家思想在汉武帝统治时期的独白开始，便对我国子孙后代产生了重要影响。儒家文化已经具有人文主义的性质，十分重视中国传统色彩文化观。寻找精神符号的色彩，结合传统的五色与"仁、礼、德、善"思想，其理论常被借喻。例如孔子说："恶紫之夺朱也，恶郑声之乱雅乐也。""郑声"是民间俗乐，"雅乐"是王朝的正统声乐；"朱"是正色，"紫"是间色，"郑声之乱雅乐"与"紫之夺朱"没有区别。孔子利用正色与间色比较了社会上违反"礼节"秩序的行为。儒家对色彩的看法极大地影响了古代五色的观感，主要是为了保持周天子时期确立的制度，强调"礼节"的规范。

传统的服饰文化表明，各个朝代都有自己的喜好。例如：秦始皇时尚黑；汉高祖喜赤；隋朝时，官员大都衣紫着白；在唐代，黄色是皇室的颜色，平民百姓不得用以赤黄做衣；宋朝崇紫；而在清朝，黄色是高贵的。这些喜好大多来自统治者对颜色的偏好。色彩在君民间的运用反映了古代对"伦理"的主张。[1]儒家审美思想的另一种体现是，用美德暗示颜色，即"比德"。在我国古典戏曲文化中，表现为善于用颜色简单、夸张、清晰地展现一个人的面貌。不同颜色的颜料象征着不同的性格和品质：红色象征忠诚，黄色象征勇敢，白色象征阴险，黑色象征不屈不挠，戏曲色彩在塑造"典型人物形象"方面发挥了很好的作用。这种儒家经典的审美内涵概括了传统色彩，具有伦理道德的本质，在现代社会生活中仍具有"德性、德行"的社会化功能。

二、色彩文化在文化创意产品中的应用

目前，文化创意产品是文化创意的重要工具和表达方式，也是地区文化产业发展的中心力量。目前，国内文化创意产品的发展重在实践，缺乏相应的理论支持，导致文化创意产品开发过程中出现形式多样性过大、研究不认真、实用性不强等现象。文化创意产品中缺乏文化内容是问题产生的主要原因之

---

[1] 张尧. 基于博物馆资源的文化创意产品开发设计研究[D]. 苏州：苏州大学, 2015.

一。2019年，中国传统色彩学术年会在北京举行，来自中国和日本的30多名色彩专家和爱好者，围绕不同的中心主题，包括色彩感知、色彩历史、色彩应用和颜料制作等问题参加了会议，对中国传统色彩的研究上升到了一个新的水平，在弘扬中国传统色彩和中国传统文化的同时，为国家现代文化创意产业的设计提供了理论支持。现代文学创意色彩研究应着眼于色彩的传统转换，注重隐喻的色彩设计和功能性，以更好地体现文化创意产品的独特性和文化性。

（一）注重传统色彩文化的现代转化

传统色彩在现代文化创意产品中的应用不应是盲目地"侵占"，而科学的选择及其向现代的有效转化，才能更好地满足当前消费者的需求。目前，文化创意产品的设计主要有三类：一类是文化古迹重构高仿，这类产品需要技术和工艺支持，创意薄弱；一类是包括利用现代数字媒体技术开发的文化创意产品；另一类是衍生品，将原有的重组图形元素打造成具有产品特色的新视觉形象，如一系列以青花瓷为图案的餐具、以古装服饰为参考的挂饰等。这些方法旨在寻找传统文化与现代生活的契合点，从中汲取已经存在的一切，并与传统和现代相呼应。

首先，要充分考虑传统色彩的特殊性，根据产品特点选择传统色彩。近年来，国家博物馆涌现出多元的文化创意产品，如台北故宫博物院，从形态学和精神的角度对文化符号进行归纳，与时代接轨，创造出一种奇特的文化创意风格。

其次，在色彩形成的过程中，需要着重于色彩的重组和合理的组合，例如在产品比例和面积上改变传统色彩，在视觉形象上形成一种全新的色彩，就像台北故宫博物院的"双连油醋瓶"文化创意产品，它是在仿制乾隆时期的一只粉彩双连瓶的基础上制作的。设计师在原色方案中获得颜色灵感，简化颜色数量，只使用了蓝色和白色。通过保留瓶子的原始形状，使创意产品既有传统的审美感，又不会失去现代生活的气息，原本是皇帝珍贵的赏玩器具，被设计成现代餐桌上的调料瓶。如果设计师按原图和颜色复制它们，那么得到的产品可能有些过时。相反，交织着传统的色彩，同一图案蓝白相间不同，两个瓶子巧妙搭配，展现出独特的东方美，既是历史文化的标志，也有当代的生活情趣。

最后，要充分考虑传统色彩属性与产品之间的关系，必要时可适当调整色彩属性。中国传统的色彩也被用在沉重的精神渲染上。西周时期，统治者确定五色为皇室和皇宫的正色调。为了强调皇权的荣誉和威望，皇室一般以鲜艳的颜色装饰，以金银色为辅，审美趣味延续至今。例如，故宫博物院，生产了一套名为"有凤来仪"的杯垫套装。图案灵感来源于凤凰纹点翠头花，颜色以黄、红、蓝为主，金色勾边，采用现代微辐射技术填充颜色。产品既有流畅、绚丽的色彩，又透露出宫器的古韵，使故宫文化不再只出现在展品的收藏中，而是采用现代方法改造和传播东方文化。不拘泥于照搬清代皇宫的传统色彩，更使传统色彩纯净亮丽，将原本沉静的历史文化转化为生动的色彩与造型，实现历史文化的传播，体现了现代设计的时尚精神，很好地弘扬了现代色彩。

（二）注重文化创意产品色彩设计的隐喻性

文化创意产品的本质在于主体的文化设计。在设计文化创意产品的色彩时，应注意色彩中蕴含的文化隐喻。颜色能表达情感的事实是不可否认的，色彩在一定传统文化背景下具有一定的象征功能。中华民族崇尚红色，红色有热情、欢乐、幸福等象征义，因此红色在中国人心中是具有特殊的情感和审美象征意义的。节日庆典用红色装饰；新娘必须穿红裙子；文学中不乏对红色的热爱，等等，这种颜色一般都有悠久的历史，相传神农氏被封为炎帝，炎也是红色，刘邦立汉称自己为"赤帝之子"，都是红色的类比运用，受众美学受到环境感染、文化表达甚至宗教影响。

中国色彩文化与传统文化密不可分，是我国人民审美意识的中心体现和表达，揭示了中国人的思维逻辑，具有地域性。现代文化创意产业需要创新，重要的不仅是顺应国际潮流，还要重视本土文化的发展，才能从中华传统文化中汲取养分。传统色彩的研究是中华传统文化的继承和发展，不仅为设计师创造设计，也使买家能够更好地理解中国传统语言，可以更好地构建具有中国特色的产品色彩设计。

第四节　基于仿生文化的文创产品设计

当前，社会不断发展，对文化生活的关注度不断提高，文化创意领域的产品设计水平不断提高。将文化创意产品中的设计元素与模仿设计元素相结合，可以大大增加文化创意产品的自然属性，更符合现代人的生活需求，容易引起受众的认同感，对文化创意产品的设计具有重要意义。

一、仿生文化创意产品的现状

随着人们生活水平的提高，对文化旅游、创意设计的兴趣越来越大。文化创意产品设计的基本原则是融合原有文化元素，创新设计更高层次的文化产品。然而，目前文化创意产品市场只是将众多设计元素汇集在一起，在仿制设计部分缺乏独到之处。例如，只与其他产品如明信片结合使用，或完全模仿某种生物工艺品，而没有自身的独特性。

二、仿生设计在文化创意产品设计中的应用

（一）形态模拟的应用

形态仿生是指在文化创意产品设计中，该元素应用于文化创意产品设计中，通过艺术处理方法简化或模仿机体的外部特征，主要有三个方面。

1. 具体形态仿生

形态仿生指运用自然界中各种生物形态，采取扭曲、夸张的艺术手法，紧密地表现事物形态，达到视觉效果。在文化创意产品设计中运用模仿原理，可以提高文化创意产品的创新创造能力。因此，这个概念可以用在一些文化创意产品上，比如把花、鸟、鱼、昆虫等大自然元素的外在特征与手机壳、钥匙链、杯子结合起来。

2. 抽象形态仿生

抽象形态学仿生是指基于事物的外在形态，通过变形、夸张来概括和运用模仿对象的形态学特征高于其自然形态，使其"神乎其神，形可不似"。古人常用"宁可食无肉，不可居无竹"来表达竹子在人们心中的地位，例如设计墨竹挂钟时，将竹叶巧妙地与表盘上的指针联系在一起，而挂钟框仿佛变成了墙上的竹子画，使人头顶上仿佛感受到了风与竹子、月光的交织，抽象的竹子造型为观众所呈现。

3. 意象形态仿生

意向形态学是形式因素和意蕴因素的结合，使文化创意产品不仅具有视觉意义，而且具有象征意义。意向形态设计重点深入分析了物体轮廓与产品之间的隐性关系，通过比较建立了物体共生体与文化创意产品设计的关系。例如，在推出猫形吉祥物时，设计理念除采用猫的外形外，还引用猫吉祥招财的寓意，制作出具有文化创意的作品。招财猫举起左爪和右爪分别代表招福和招财。

（二）结构仿生设计的应用

结构仿生设计是从不同的角度寻找事物与文化创意产品之间的联系，并将其融入产品设计中。在产品仿制设计中，植物的茎叶，动物的肌肉、骨骼结构，甚至自然景观，都是产品设计的一部分。[1]如海洋馆出售的水晶球，以贝壳为支撑，水晶球中的岩石及外露贝壳的质地均十分细腻。又如杭州雷峰塔景区推出的钥匙链、冰箱贴等文化产品基于雷峰塔造型进行创意，十分有意趣。

（三）色彩仿生设计的应用

色彩仿生在文化创意产品设计中占有极高的地位。在设计的早期，形态学和色彩的结合是必要的。由于颜色在不同的感知条件下是不同的，因此可以在文化创意产品的设计中使用自然的鲜艳色彩。例如，红色的花、绿色的叶、动物的皮毛颜色等都可以应用于产品设计。腰牌是古代官员腰部的"通行证"，北京故宫博物院采用腰牌的概念和颜色，将其与现实的行李牌相结合，作为一套卡片和行李标签，鲜艳的颜色深受消费者的欢迎。

---

[1] 许彬欣.台湾文化创意产品发展思辨[D].北京：北京理工大学，2015.

（四）功能仿生设计的应用

功能仿生主要是利用自然界中的生物能力和天然材料的性质进行。在古代春秋时期，鲁班利用锯齿草叶片的特性制作了锯片。可见，功能仿生在产品设计中占有重要地位。例如，利用景观建筑独特的属性来设计一个瓶子、一个门隔板，利用某个地方的一种奇特的莲花形状来建造储物架、帆布包等，都是功能模仿与创意相结合的实例。

因此，文化创意产品在满足居民审美和消费需求方面起着很大的作用，具有实际产品设计中应用的生物特征和产品结构的生物仿生关系和特点。生物仿生设计对特定的应用没有特殊的限制，可以与文化创意产品的设计相结合，从而产生意想不到的独特效果。

第五节　基于文化新经济概念的文创产品设计

随着人们生活水平的提高，对文化创意产品的需求将越来越大。通常情况下，很少有人会去一元店买玻璃杯，即使玻璃杯的功能相同，但是为了取悦自己，人们愿意选择更昂贵、更精致的玻璃杯。文化新经济条件下消费心理的变化为传统文化产业转型提供了机遇。

一、文化新经济概述

（一）新经济起源

从20世纪90年代开始，美国经济在经历了短暂的衰退后，进入了全面高速增长时期，持续了100多个月的快速增长，实现了高增长、低失业、低通货膨胀，被学者称为"新经济现象"。当前，新技术和高新技术的发展及其产业化对人类的社会经济发展有着深刻的影响。

（二）文化新经济概念

文化新经济是以文化要素为核心、以刺激文化消费为主要手段，实现产业升级为最终目标的新经济模式。文化新经济，从经济发展的角度看，如何提取文化元素，将其与基金经济体系相结合，为其注入新的动力，是文化新经济的独特要素。总体来说，文化新经济是以经济发展的数量指标来衡量的，发展了文化要素，结合了新的方法。文化新经济决定了文化创意产品的发展方向。

以美国迪士尼为例，先提取图像，将图像中的每一个元素标准化，然后在迪士尼餐厅、迪士尼乐园等产品中使用不同的图像元素，以获得各种商品的卡通形象。后商品时代，在商业中，通常采用授权的经济模式。众所周知，美国迪士尼文化创意的作品是以迪士尼卡通人物形象为基础的，可以说是迪士尼文化。提取和应用目标文化，对新经济条件下的文化创意至关重要。

二、文化新经济下文化创意产品的设计原则

从文化新经济的角度讨论文化创意产品的设计，即产品如何从逆向产品的开发中获得最大的收益。文化新经济观提出了以下特点：一是文化经济高度融合统一，文化发展与资本、技术、产品等相结合；二是文化与创新发展的融合可以成为文化产品竞争力的基础；三是从以下三点中提取文化新经济条件下文化创意产品设计的原则。

（一）绿色设计原则

在人类发展史上，工业设计为人类创造了现代生活环境，也加速了资源的消耗和利用，这已经影响到地球的生态平衡。从文化新经济的角度看，文化创意产品的绿色设计[1]，即在产品的整个生命周期内，要提供减少环境污染和能源消耗的功能。在文化创意的选择、加工、包装和产品的整个生命周期中，必须考虑其可辨性、回收性、保存性和可重复使用性。

（二）倡导更加科学的生活方式

由于新的文化经济以人为本，提倡更舒适、更科学的生活方式，这也是工业设计师的首要工作。正如文化新经济条件下的文化创意产品、科技进步和经济发展一样，人民群众的生活质量将达到最大限度的提高，在这种情况下，文化创意产品必须更加注重引导人民群众过上更加科学的生活。

---

[1] 马琳.博物馆艺术衍生品开发研究[D].南京：南京艺术学院，2013.

（三）以目标文化为核心原则

每一种文化创意产品都必须为文化的目的服务，文化创意产品可以被认为是消费者和文化之间的纽带。在新的文化经济条件下，每一种目标文化都是每一种不同文化在市场上竞争的一种品牌。在收入水平上升的同时，人们追求个性化定做，追求消费审美的时尚，目标文化可以满足人们的心理需求。因此，文化创意产品必须针对每一种特定的文化来设计，所开发的产品必须能够匹配和传递。

三、文化新经济下文化创意产品的设计创新

文化创意产品必须具有经济文化性、遗传性和创造性。目前，市场上有许多文化创意产品，对文化新经济的研究可以在文化创意产品的开发中提出创新的思路。在新的文化经济条件下，设计师可以通过新技术和媒体，拓展文化创意产品的形式，使文化创意产品的新形式以更现代的形式体现生活的文化意义。文化创意产品有两种新方式。

（一）媒介创新

利用传统媒体进行文化创意产品营销是产品的直接销售手段，在文化新经济条件下进行创意文化产品营销需要深入分析产品本身、新媒体内容与用户需求的关系，这使得在网络中创造出原创但同时又富有成效的新传播手段，从而赢得消费者并达到营销目标成为可能。在新的文化经济条件下利用数字媒体，可以通过现代媒体最有效地传播文化创意产品的信息，增加对文化创意产品的获取和需求。

比如，故宫淘宝从2010年开始上线，分别开通微博和微信，还自主研发了8款智能应用，创造了向参观者传播故宫文创的新业态，参观者将更容易获取有关这些优秀文化创意产品的资料。

（二）技术创新

新技术的发展通常是经济发展和产品更新的强大动力。文化新经济条件下的虚拟现实设备和3D打印具有优良的价格和成熟的技术，越来越多地被文化创意产品的设计者所采用。

例如，利用3D打印技术使文化创意产品个性化，可以加快产品生产速度，提高产品生产质量，使文化创意产品个性化成为可能。使用虚拟演示技术，即VR、AR和MR，给人们带来了新奇的体验。2015年，浙江大学发行了AR明信片，加上免费的App，观众只需将相机对准明信片或相册，校舍立体模型马上就会出现，相机镜头离开明信片后，离线模式仍然允许模型留在空中观看。

新的文化经济为文化创意产品的开发开辟了新的前景。在新的文化经济中，文化创意产品的设计必须围绕目标文化构建，遵循绿色设计原则，促进更加科学的生活方式，同时也具有深厚的文化内涵和鲜明的时代特色。

第六节　基于非遗文化实践的文创产品设计

非物质文化遗产是人类宝贵的精神财富和物质财富，是人类共同的智慧果实，是中华文化代表性的象征，发展和保存是时代的事业。在国家和社会各界的共同努力下，保护国家文化遗产取得了实实在在的成效。同时，必须清楚指出，我们现时面对很多与保护文化遗产有关的问题，情况复杂，不容乐观。目前，非遗文化面临着非同寻常的传承缺失、商品滞销、缺乏创新、与现代社会美学格格不入等问题，阻碍了文化的保存和发展。在文化创意产品作为文化创意新载体完成的背景下传承与激活，通过展示非传统文化与文化创意产品的结合，揭示了文化创新和加强经济文化价值的具体途径。

一、非遗文化创意产品的现状分析

（一）产品的文化性和实用性不平衡

文化创意产品作为一种物质产品，虽然是文化自我表达的形式，但实用功能必须重视；文化创意产品与普通材料产品相比，文化成分更丰富。目前，文化创意产品普遍与手机壳、钥匙链、杯子等要素捆绑在一起，未受影响的文化元素和产品载体，缺乏一定的互换性，消费者很难通过这类产品与相应的非传统文化内涵联系起来。

（二）产品价格较高

许多文化创意产品的项目是手工制作的，需要花费大量的时间和精力，成本相对较高，设计的产品价格昂贵，大多数消费者无法接受。即使引入机械化，如果工厂产品的生产过程达不到标准，缺乏创新，又很难吸引消费者，引起他们的购买欲望。

（三）产品品牌意识薄弱

与受众文化相比，小众非遗项目文化不太受欢迎。目前，非遗产品的发展仅限于政府主导的抢救保护上，文化企业尚未在非遗资源开发和品牌塑造方面发挥主导作用，甚至很多未生产的项目是因为文化水平低，或是在偏远的地方，缺乏传承知识，保护意识差，品牌意识更差。总体来说，自然资源开发比较落后，工业化过程中缺乏长期的系统规划，难以形成整体循环的生态产业结构，受到单个产品开发理念的制约。

（四）产品推广落实不到位

在现代互联网时代，线上购物就可以买到自己喜欢的产品，而非遗产品一般都在文玩市场、展览等小众地方出售，宣传范围较窄、受众有限。因此，在品牌建设的基础上，需要建立更广阔的传播平台和方式。

二、非遗文化创意产品的创新设计

传统文化的发展越来越离不开参与创意活动，创意产业呈现加速向传统文化渗透的趋势。可以说，将非遗文化元素引入文化创意产业是一种有效的传承保护措施，也是文化创意产业发展的动力，因此，在设计文化创意产品时，必须满足以下条件。

（一）文化性

文化是创造性文化作品的灵魂，也是一个地理标签，从中理性地提取文化价值，并以全新的方式表现出来，根据不同的载体进行改造和调整，使其具有更高的文化价值，充分体现了传统风格与现代风格的结合，同时体现了人民艺术家的创意思想和深深植根于当地民俗文化的传统理念。

（二）创新性

解决目前市场上文化创意产品品种单一的问题，需要基于人们与生活息息相关的审美需求进行实时创新，从而达到更高的纪念和收藏价值。

（三）可行性

这主要体现在文化创意产品的质量上。作为纪念品的质量必须得到保证，不能有任何偷工减料，否则不仅实用性差，而且不尊重中国的传统文化，因此有必要在可行性的基础上设计项目。

（四）情绪化

产品必须满足与消费者的情感互动，必须将传统文化与消费者的情感需求相结合，才能与消费者产生情感共鸣，让消费者感受到温暖的气息，让消费者在追求时尚的同时，也有归属感。每件产品的设计理念和思维都是独家的产品历史，不同的产品可以满足不同消费者的情感需求。

三、非遗文化创意产品的实践思路

首先，在"非遗文化创意"生产线下的早期销售阶段，需要控制商品的供应和销售数量，可以通过一小群人购买评估，引起民众的好奇心，再进一步增加产品供应。根据采购情况，针对性地控制各类非遗文化产品的产量和后期的全面销售。

其次，需要利用互联网平台建立网络渠道。可在网上提供资料包，展示手工制作的经验。观众自身参与是一种深刻认知的方式，随着电子商务的传播，一些不能参观实体文化展馆的人也可以通过各种渠道获得成套材料，以获得参与非遗技术项目的经验。

方便访问是网络时代各个领域最常见的特征。针对非遗项目，开发材料包无疑是一种更简单、更便捷、更广泛的传播方法。传承者在确定产品后，应结合相关材料包计算所需材料的内容和数量。在这一过程中，成熟的设计师参与增强视觉效果及增加实际销售。除手工操作经验所需的材料外，培训材料也不可或缺。针对某些产品，生产阶段比较简单，直接在材料包中提供说明即可；而一些相对复杂的手工制品有时需要向用户提供电子教程或视频演示，相关做法是在材料包中提供可扫描的二维码，用户可以通过扫描二维码获得详细的视频教程，经过观看和手工体验，让越来越多的人明白什么是传承。在此期间，材料不断积累，用户不断积累，了解客户需求，最终巩固市场。

消费是最好的保护无疑，好的解决办法是保存和发展遗产，更好地设计，以体现文化的精髓，在大众心目中以创意文化产品的形式出现。

第四章　博物馆文创产业的全面发展及多元进程

在国际上，欧洲和美国博物馆在工业管理研究方面处于领先地位。他们是博物馆发展文化创意产业的先驱，有着深刻的历史根源和社会经济因素。20世纪70年代，欧洲和美国的经济衰退导致政府政策发生变化，社会和文化领域出现了一些新趋势：第一，文化创意产业已成为国家产业结构现代化的重要战略；第二，迫切需要为自己的盈亏负责，成为博物馆等非营利机构需要考虑的问题；第三，新博物馆学运动的出现极大地改变了博物馆的主要功能。

20世纪70年代，处于高增长期的美国经济进入停滞期，即停滞与通货膨胀并存。高失业、高通货膨胀和低经济增长是这一时期的特征，并蔓延到欧洲，导致英国经济停滞，法国、德国和加拿大也受到不同程度的影响。除越南军费开支、美元危机和第二次石油危机等客观因素外，经济衰退主要是由于"二战"后支撑欧洲和美国快速增长的动力逐渐消失、宏观经济失误等，社会保障增长和政府监管过度。

从经济增长的内在动力看，"二战"后，对住房、耐用消费品等固定资产的需求有所下降，但在经济增长的同时，也出现了一些问题。以原子能和信息技术为核心的第三次科技革命推动了欧美在战争中的快速崛起。20世纪60年代以后，欧美国家在制造业的优势继续受到新兴经济体的挑战。第三次科技革命产生的先进技术尚未达到应用水平，经济增长的内在动力已经放缓。因此，以美国为代表的西方发达国家必须紧急克服对传统制造业的依赖，为经济增长寻找新的点和动力，为经济转型进入新阶段开辟新的机遇。这轮转型推动了全球分工体系的深刻变革。欧美等国家将重、低制造业导向发展中国家，强调发展高增值服务和知识产权。以高附加值和版权内容为特征的文化创意产业的出现，已成为发达国家产业结构适应和升级的重要战略。在经济全球化和信息技术革命的浪潮中，欧美国家有效地将制造业和服务业通过发展创意经济，由工业经济转型为知识型经济，促进经济复苏，在20世纪末实现快速的经济增长。

从国家机构和宏观经济政策的角度来看，在20世纪60年代，主张政府干预的凯恩斯主义导致市场自我调节功能的下降和通胀的上升。约翰逊（Lyndon Baines Johnson）总统提出了建设"伟大社会"的政治纲领，呼吁联邦政府承担更广泛的社会保障责任，扩大社会保障体系的范围，提高社会保障标准，制定出台近500项保障人民就业、教育、卫生和文化权利的政策和方案。这些措施令政府在社会福利方面的开支大幅增加，政府发觉处境十分困难，因为它只能通过拨款来减少财政赤字，从而导致通货膨胀。此外，福利金额过大，标准过高，对一些公共机构和领取福利的个人造成严重的道德风险。另外，供应专业人士认为，过度监管市场及政府干预市场运作是其中一个主要原因，促进企业等生产者的创新能力和竞争力，促进自由竞争。在经历了20世纪70年代近10年的经济停滞之后，里根（Ronald Wisson Reagan）总统基于货币供应学派的思想，于20世纪80年代上台执政，提出了包括外汇管制、减税、放松政府管制等在内的"经济复苏计划"。这"扭转了社会福利的趋势"，令政府在社会福利方面的开支大幅减少，影响了社会福利政策。博物馆作为公共文化机构，受到政府削减福利开支政策的影响，急需建立多元化的融资机制，弥补政府财政支持的不足。

20世纪70年代欧美经济不景气，随之而来的转型政策的实施，使人们对工业社会的传统文化进行了反思，并使得当时欧洲和美洲社会生活各个层面的许多新现象和新趋势。欧洲反战运动、民权运动、黑人运动和妇女运动紧密地交织在一起，越来越受欢迎。新的艺术史不再局限于精英文化和美术，也不再局限于欧洲的中心视野。它将流行文化和流行艺术纳入研究范畴，重点是亚洲、非洲和拉丁美洲的民族文化和艺术。新的博物馆运动扩大了博物馆的能力，使其摆脱了权威教育和管理工具的意识形态枷锁，认为它们是社会变革的动力和从事民主教育的文化机构，并把广大公众和社区的利益放在首位，使它们能够发挥社会经济转型的缓冲作用。

在经济结构总体变化和社会文化深刻变革的背景下，博物馆发展文化创意产业的外部动态，以回应创意经济蓬勃发展的社会需求，也需要筹集自己的资金。同时，文化博物馆和创意产业的发展是博物馆整体转型背景下更有效地完成"教育"主要任务和目标的动力。

第一节　博物馆发展文创产业经济的现实因素

一、创意经济理论的起源与演变

"创意经济"是一种以人类创造力为基础，通过保护知识产权，实现创意商业化，创造高质量产品和服务，增加文化价值和高科技含量，以经济高速发展为特征的新经济范式，以提高经济竞争力和生活质量。创意经济伴随着全球创意产业的蓬勃发展，理论的形成和发展与"创意产业"概念的发展基本一致。由于"创意产业"的概念在很大程度上与"文化产业"和"文化创意产业"的概念相关，因此创意经济与文化、内容和版权产业密切相关。

"创意经济"理论可以追溯到奥地利经济学家约瑟夫·库马佩特（Joseph Kumapet）提出的"创新"概念。他指出，现代经济发展的动力不是资本和劳动力，而是以传播和消费知识与信息的生产和转移为特征的"创新"，包括产品、技术、市场、资源配置和组织创新。

作为国家战略和政策，"创意产业"的概念首先是由英国的创意产业组织提出的。1998年和2001年，该组织先后发表了两份研究报告，审查了联合王国的创意情况，并提出了发展措施。这个定义后来被澳大利亚、新加坡、新西兰等国采纳，成为文化、内容产业的总称、著作权等。

英国的约翰·霍金斯（John Howkins）将"创意产业"定义为该产品的经济模式，适用于包括著作权、商标、专利等相关行业设计在内的知识产权保护构成了"创意产业和创意经济"。文化经济学者理查德·凯夫斯（Richard Caves），认为：产业提供图书印刷、美术、演技艺术、电影、时尚、游戏等经济领域相关的产品和服务。创意产业的经济活动对文化价值的供给和价格有着很大的影响。

美国经济学家理查德·弗罗里达（Richard Florida）分析了世界各地创意

圈的兴起，并谈到了组成，以及"创意层"的结构和特点及其对新兴经济的影响。创意人才分布于部门和行业，可分为两大类：即超级创意中心及创意专业。创意班在选择生活方式和城市规划、人文艺术时更喜欢"城市便利"，以及环境和公共服务的可获得性。此外，在佛罗里达州，针对创意产业提出了"3T"理论，认为创意产业的发展依赖于技术、人才和宽容。从吸收创意课堂的角度看，现代博物馆发挥创意制作、诠释和推演的作用，营造城市艺术和人文主义的氛围，深受创意界青睐，因此博物馆的发展对城市创意产业的潜力具有重要意义。

我国科学家以勇敢无畏的精神，也进行了一项以"创意产业"为主题的研究。徐济权在研究香港创意产业的基础上，提出了四种资本形式：制度资本、人力资本、社会资本和文化资本，相互补充和相互依赖。后无畏为中国创意产业建立了理论基础，指出创意产业是对传统产业发展模式的颠覆，运用全新的思维逻辑，将文化创造要素融入现有产业，重组创新、技术、市场、资本，产品要素创造新价值，拓展生产链，促进形成和完善，包括基础产业、配套产业及完整的产业体系。

在我国学者的科研领域，"创意产业"的内容在"文化产业"或"文化创意产业"的语境中被越来越多地讨论。2004年，国家统计局公布了文化产业及相关产业分类，首次提出了"文化产业"的概念。2006年，"十一五"期间国家文化发展规划提出了"文化创意产业"的概念：文化创意产业是以文化元素为基础的创造性创新，通过高附加值的方式生产高附加值产品创造产业的技术和智能过程，关于"文化产业""文化创意产业"与"创意产业"的关系，科学家认为"文化产业"强调的是这个产业的文化特性，而"创意产业"一些学者认为，"文化创意产业"是文化产业的一个子类别，也是"创意产业"的一个子类别，具有文化和艺术的特点。这三个概念是重复的、不同的。"文化创意产业"的概念和属性与国际上广泛使用的"创意产业"概念基本一致，并具有双重的文化和创意特征，实现其产业价值是"创造性经济"的重要组成部分。

在全国不同地区，文化创意产业有着广泛的分类，涵盖了艺术等文化产业的基本要素，图书出版、广播电视及设计信息产业的诸多要素，如互联网信息服务、建筑、广告设计等。它提供了以创意产业为基础的创意经济与以知识为基础的经济、信息经济之间的自然联系，经济状况等。创造力可以看作是知识经济最高阶段的产物，以审美和审美思维为核心的创造性设计是知识经济最有价值的一种，随着以知识为基础的经济的现代化而继续和发展。创意产业，其中相当一部分属于信息产品，是一种文化创意信息产品。随着互联网技术的发展，创意迅速传播到世界各个角落，产生了广泛的影响，它们是信息经济的一个组成部分。经验经济学是建立在产品所产生的生理和心理感觉及对产品的主观评价的基础上的，这符合大多数文化创意产业的需求和目标。因此，创意经济和经验经济在很大程度上与价格重合。

创意产业不同于传统产业，具有独创性和创新性、不确定性和风险性、多样性和差异性，跨界性质和高度发展。独特性和创新性是创意产业的核心灵魂和价值，受教育背景、社会经济状况、地理文化、风俗传统、年龄结构等复杂因素的影响。对文化创意产品的认可程度和接受程度很难预测，这就产生了很大的风险和成本不确定性，与市场准入有关。创意产业的很大一部分是文化艺术产业，地理文化特征和艺术风格的多样性催生了创意产业的多样性。对于设计行业来说，创意的结合是风格的创造差异。创意产业的主要思路和重点是通过"跨界"的融合与合作过程，促进跨部门的合作。

二、博物馆在创意经济中的作用和定位

作为一个国家文化机构，更强调其提供公共文化服务的功能，以及对公众进行艺术教育，往往忽视它作为创意经济的重要生产部门，对创意经济作出巨大贡献，既产生直接效益，也产生间接效益。

根据国家统计局公布的《文化及相关产业分类（2012）》，在第一部分"文化产品生产"的第三类"文化艺术服务"中，博物馆已确定为展览及教育文化服务的主要服务项目。此外，博物馆文化创意产业的主要元素也涵盖第五及第七类"文化创意和设计服务"和"工艺美术品的生产"。因此，博物馆是创意经济的重要生产部门。

除博物馆通过创造和发展文化创意产品直接促进经济发展外，它们对创

意经济的贡献，体现在博物馆在旅游、餐饮等相关行业的主导作用，吸引和汇集来自创意阶层的高素质人才，加快地方资源、信息、人口和资本的流动，创造了巨大的经济价值。据《中国文化遗产事业发展报告（2014）》统计，2001年至2012年，国家文物系统对国民经济的总体贡献保持不变，博物馆在2008年免费开放后，直接经济贡献减少了，但博物馆辐射对相关产业发展的间接贡献，包括文化创意产业，逐渐增多。据美国博物馆联盟（AAM）2018年2月13日发布的《作为经济引擎的博物馆》报告显示，美国博物馆为72.6万个工作岗位提供了支持，直接提供37.21万个就业机会。牛津经济研究院进行的研究表明，每100美元就有一笔交易。1887年，首任大都会艺术博物馆馆长鼎吉·帕尔王·德·塞斯诺拉（Luigi Palma di Cesnola）就美国博物馆的实用价值提到，"博物馆唤醒了舆论，不仅提高了人们的品位，还成为企业家和制造商的收益渠道……维纳斯给巴黎带来了财富，萨瓦女王给国王带来了更多的财富。"

根据大都会艺术博物馆在2012年下半年发表的研究，该机构于2012年夏天举办了3次特别展，以7.81亿美元的成本吸引了来自世界各地的游客。2011年夏季博览会给当地带来了9.08亿美元收益。2008年和2009年分别为5.93亿美元和5.99亿美元。据当时的演讲者托马斯·坎贝尔（Thomas Campbell）说："纽约的旅游业正在快速发展。我们自豪的是，它仍然具有最大的文化魅力并是纽约经济引擎的重要组成部分。这给纽约带来了巨大的经济效益。"根据文化、媒体和体育部的数据，在博物馆和文化遗产资源丰富的英国，文化遗产旅游业年收入达260亿美元。英国文化教育协会的另一项研究表明，文化和历史的魅力是英国魅力的第一位。因此，在文化遗产资源丰富、博物馆建设完善的国家，以博物馆观光地为主的文化旅游对促进地区经济增长起着重要作用。

第二节　博物馆发展文创产业经济的经济因素

一、"新博物馆学"理念推动现代博物馆功能转型

收藏是人类的原始行为之一。博物馆学者阿尔马·威特琳将人类收集物品的动机分为象征经济、社会地位、象征宗教、集体、忠于个人感情、追求好奇心的6种。博物馆的最初设立源于人们收藏和持有绝代宝物和古董的心理状态，因此各种类型的家庭的"宝物室"和"绝代的柜子"被认为是博物馆系统的起源。在早期自然历史发展过程中，需要收集各种动植物标本展示和观察、研究，促进自然历史博物馆的建设，如早期英国的阿什莫林和特勒德斯康特博物馆，它们都是基于人类认识世界的需要而建立的。18世纪林奈分类法的普及和应用为这样的博物馆陈列收藏提供了依据，促进了博物馆系统作为重要分支的继续和发展。地理大发现后，对人类文化多样性的认识和探索产生了民族学和人类学，人类学博物馆也在这个基础上逐渐发展。18世纪的工业革命和19世纪的博览会产生了科技博物馆，1851年伦敦万国工业博览会推动了国家科学和工业博物馆的设立，是展示所有国家工业作品的大展览会。艺术博物馆在现代博物馆系统中占有重要地位，落后于博物馆的发展史。1793年开馆的法国卢浮宫是第一座真正的公共艺术博物馆。随着博物馆概念的不断发展和开拓，儿童博物馆、行业博物馆等多种类型的博物馆相继出现。

然而，不管博物馆的类型如何，它的主要功能是收藏，其次是展览和研究。苏东海先生指出，他致力于一篇有关博物馆发展史的文章，这篇文章将其分为原创性、现代性和现代性三个阶段。17世纪初以来，博物馆保持不变，只有一个收藏功能。从17世纪到19世纪，随着现代科学的发展，研究成为博物馆进入现代形态的第二个重要功能。从19世纪到第二次世界大战，教育已经成为一种与努力和研究相结合的功能。第二次世界大战后，博物馆在教育中发挥着越来越重要的作用，最终超越了收藏和研究，成为博物馆的主要功能。这些变化中的一些是由于在20世纪70年代产生了新博物馆运动。"新博物馆"的概念

最早是由彼得·弗格（Peter Vergg）在1989年提出的。1993年出版的《90年代博物馆观念》一书中描述了新博物馆科学概念与传统博物馆科学，还全面分析了过去的概念，并进行了批判性的分析。总之，新博物馆哲学的核心是"人与人"的连锁，传统博物馆必须以人的事物和利益为导向，从而改变了长期以来"看不见"的做法。因此具有收藏、保护、研究、论证等功能。传统的收藏自然不是博物馆业务的中心，而是公共教育和服务如何被以受众为基础的功能所取代。

随着博物馆业务体系中教育功能的明显增强，"博物馆教育"的本质也发生了变化。欧洲博物馆的第一种教育形式是"权威教育"。展品的选择和展品的设计可以形成国家和民族认同，形成意识形态。从19世纪初大英博物馆对观众实施的一系列限制可以看出，博物馆的阶级功能在于观众应该是"正派的人"和"躲避水手和他们带去度假的女人"。正如皮埃尔·布尔迪厄（Pierre Beurdieu）所说："艺术创意只能对那些具有社会能力的人有意义和有趣——他们已经建立了密码。"我国早期的博物馆实践也包括通过体育塑造公众意识和建立民族国家的目标。张骞纪念馆的想法和实践，关系到救死扶伤的国家危机。苏东海认为，中国博物馆从一开始就是专门为通过提供科学和教育价值来改变社会现状。与欧洲和中国的博物馆模式不同，美国博物馆的教育目标并不是被定义为权威教育的要素，而作为"广泛的教育目标"，从一开始就强调观察、学习、研究和经验，这些都是提供知识的重要公共机构。例如，成立于1846年的史密森研究院就是为了"扩大知识和传播知识"；大都会艺术博物馆成立初期的任务是"向人们灌输对艺术的理解"。

新博物馆运动中的"博物馆教育"经历了从"启蒙"到"学习与体验"的转变，从单向的、被动和令人印象深刻的感知模式变成了互动、互动和研究。1984年，美国博物馆协会（现美国博物馆联盟）发表了一份报告，明确指出"教育"是博物馆的灵魂和主要目标。1992年，美国博物馆协会发表了另一份报告，其中特别指出，博物馆教育包括"研究、观察、智力思维、冥想和对话"。国际博物馆协会（ICOM）在其1986年出版的职业道德准则中描述了"博物馆教育"："博物馆必须利用一切机会为各行各业提供教育资源……博物馆的其中一项重要功能，是吸引社会各界、社区、地区和团体的不同对象，以及为社区提供广泛的机会，特别团体和团体支持其具体目标和政策。"这证明了美国博物馆的教育目标和模式在全世界的传播。经过百年演变和新博物馆运动，博物馆正式成为广大市民的教育场所，真正成为一所"人民大学"。

二、博物馆作为"非营利组织"的性质和目标

博物馆在教育和公共服务方面的职能变化，给博物馆提供了非营利公共文化设施定位的任务。1974年，国际博物馆协会将博物馆定义为"非营利组织"。1989年，协会对"博物馆"的定义进行了如下修改，"博物馆是为社会及其发展服务的永久性非营利机构，向公众开放，收集、保存、研究、传播、展示人类和环境相关物证，进行科学研究、教育、评价。"再次强调了"博物馆的非营利性"。了解"非营利组织"的内容和范围，长期以来在中国博物馆为发展文化创意产业管理和获得经济效益设置了概念和制度上的障碍。从术语的角度来看，"非营利组织"的定义超越了博物馆领域，是社会学、经济学、法律领域的广泛概念。提供文化、教育、艺术、保健、自然科学和社会科学研究等社会服务的经济，一般由政府和私营部门提供资金。在欧洲和美国，非营利组织的优势之一是可以获得政府的免税政策。参考国际博物馆协会的历史，博物馆被命名为"非营利组织"，政府开始享受对非营利组织的优待。特别强调"非营利组织"是博物馆的基本性质，不是博物馆运营严格的规则。

实际上，西方国家的非营利组织类型复杂，许多非营利组织同时从事商业活动，因此，很难判断从事商业活动是不是非营利组织的基准。从操作上看，非营利组织存在的根本目的是为公众，特别是边缘集团提供公共文化、教育、医疗等福利和服务，从而提高公民的整体素质，促进社会和谐发展。国际博物馆协会在提出博物馆"非营利性"的同时，强调博物馆的根本宗旨和任务是"为社会和社会的发展服务"。因此，该协会大多数人使用"非营利组织"这个词来实现博物馆的根本目标。在欧美，博物馆从事商业活动是常见的做法。很多大型博物馆有专业的营销部门，也有市场营销负责人。"非营利组织"的定位不能成为博物馆发展文化创意产业理念的束缚。

在国内，博物馆被指定为文化机构，学术界和业界对于能否从事产业管

理活动缺乏明确的认识，缺乏政策规范。一些研究人员认为博物馆进入市场会损害公共利益。和公共教育的目标相反，博物馆是文化的公共财产，负责科学文化知识的传播，发展中华民族高品质的文化传统教育、革命传统教育，保证民族素质，其发展水平是衡量现代社会文明程度的重要标志。有学者认为，博物馆在产业发展上没有优越性，如果目的是进入市场，就会减少政府的财政预算支出，降低商业运营的效率。国家要坚持对博物馆的全面援助，不断加大财政支持力度，促进博物馆健康发展。这样片面地重视博物馆的非营利和公共价值，无视国际博物馆的一般做法和实践经验，对非营利组织的法律地位、宗旨、任务和组织进行了狭义解释。

博物馆之所以被定性为"非营利组织"，可以用三个因素来说明。首先，越是关心社会利益的非营利组织和博物馆的活动，它们除得到经济利益外，还应该有效地实现以文化价值为导向的社会利益服务。国际博物馆的学术界也强调，博物馆的经济活动必须为教育目的服务。国际博物馆协会的专业遵守规则明确规定："博物馆的商店和任何商业活动，以及任何相关出版活动，都应以明确的政策为依归，博物馆的馆藏和其基本的教育目的有关，不能损害其朴素。"其次，博物馆的收入主要用于重建博物馆，为市民提供更好的服务。最后，这意味着向博物馆提供政府对非营利组织的税收优惠、政府补贴、社会支援等一系列优惠。虽然政府不能把博物馆全面推向市场，但在鼓励博物馆资金来源扩大的同时，政府必须投入更多的资金，支持博物馆人才。在实践中，必须考虑"非商业性"和博物馆商业化的关系，取得平衡。

三、发展文化创意产业是博物馆的重要筹资渠道

文化创意博物馆发展最为突出，最直接的功能是为博物馆创造经济效益，提高博物馆自身生存能力。资金不足是国内外很多博物馆关注的问题。减少对博物馆的财政支持和免费入场、降低门票收入，给博物馆带来财政困难，严重影响了博物馆的顺利运营和长期服务目标。因此，解决财务问题是博物馆管理的重要组成部分。为了达成博物馆的长期和短期目标，博物馆管理人员必须接受每人的援助和保证。随着运营成本年年上升，现在美国很多博物馆正在

努力克服结构上的赤字。纽约的美国现代艺术博物馆和布鲁克林博物馆均提出了紧缩计划，洛杉矶艺术博物馆为其扩张筹集6亿美元资金。2017年，大都会博物馆面临将近4000万美元的预算赤字。博物馆采取了很多措施，包括解雇部分员工、建筑工程延迟、展览会减少、商店和饮食店的营业收入增加、实施强制入场费等。

世界各地的博物馆在一定程度上面临着财政问题，但是大都会博物馆的问题引起了很多人的关注，期待着有效的解决方案。现在博物馆搁置了计划领域项目，每年平均减少到40个展览会，提高餐厅和商店的营业收入，减轻财政负担。强制进入制度的推进无疑大大缓解了大都会博物馆的经济状况，但这个计划还在制订中，这产生了两个问题：一是，大都会博物馆设立以来，向所有公民免费开放，强调实现了博物馆的民主化和普及；二是，强制入馆后，政府可以减少对博物馆的援助，向其他文化艺术机构投资。

博物馆面临的财政危机在欧洲和美国是普遍的。因此，欧美博物馆自成立，一直致力于建立多渠道、多层、多成分的资金收集机制。美国很多博物馆都有负责筹措资金的"发展部"，拥有足够的募捐技能和经验，筹款能力是惊人的。例如，大都会博物馆发展部每年收集大约三分之一的博物馆收入，但员工只占总数的2%。在欧美博物馆的主要资金来源中，政府的补助金约占30%，其比例每年都在下降，主要的资金来源是社会支援和商业活动。美国很多博物馆都设立了基金会，以帮助博物馆的发展和运营。公共和个人的捐赠也是欧美博物馆的主要资金来源之一。在具有慈善传统的欧美国家，博物馆捐赠可以享受免税政策，地位的提高和影响力的扩大具有优势。作为回报，博物馆授予捐献者一些荣誉称号。另外，重要的融资渠道是在欧洲和美国的博物馆设立会员、会费和商业活动研究所。

根据美国博物馆零售协会的数据，参观博物馆的人中约15%都购买了博物馆的文化创意产品，平均7美元。拥有19个博物馆的美国史密斯学会每年都会收到1亿美元以上的捐款。纽约现代艺术博物馆每年吸引250万人，包括来自世界各地的艺术家，年销售额是3亿美元。梵高美术馆只有200多件原创意品，年销售额却达4亿欧元，主要通过销售门票和衍生产品。

在英国，博物馆得到的政府援助仅占总收入的30%博物馆商业化的利益是主要收入之一,大英博物馆股份有限公司于1973年成立,负责文物设计、零售、一般销售、出版和复制,活动收入是大英博物馆年总收入的重要组成部分。泰特现代美术馆有4个画廊网络,收藏并展示着英国现代艺术作品,主要的收入来源是个人家庭的收入。

我国博物馆筹集资金有三种方式:通过国家和地区基金;自组织、个人和公司的捐款;博物馆为活动筹集的资金。与欧美国家不同,我国缺乏各种社会基金来支持博物馆。国家基金、社会捐款和商业运作的份额与欧洲和美国博物馆大不相同。由于我国传统的社会捐赠氛围不稳定,这部分收入相对较低,实物捐赠远远超过财政支持;由于文化机构的定位,我国博物馆面临着许多长期未得到充分发展,但近年来已被克服的体制和制度障碍。因此,政府部门的财政支持是博物馆最重要的资金来源。这种独特的资助机制对博物馆的健康有序发展及公共教育和社会服务的目标产生了非常负面的影响。我国博物馆难以充分利用其丰富的文化资源,充分发挥艺术智力教育的重要作用,提高公民素质,增强民族文化软实力。在创意产业和文化创意产业普遍崛起、成为经济重要支柱的背景下,我国博物馆难以为国家社会经济生活作出充分贡献。

《博物馆条例》自2015年实施以来,国家制定了鼓励博物馆发展文化创意产业的指导方针,使文化创意产业的发展成为我国博物馆事业发展和区域经济发展的新阶段。2016年12月以来,北京故宫博物院研发出各类文化创意产品,年营业额超过10亿元。2017年,上海博物馆文化创意产品总销售额达到38000万元。同年,苏州博物馆的文化创意产品收入超过1000万元。首都博物馆、南京博物院、湖南省博物馆等机构,也积极采取措施推动文化创意产业发展,以获得良好的经济效益。据《艺术市场》杂志报道,自2016年6月起,政府机构承认可以在博物馆规模上发展文化创意产品和产业,其中只有18家企业盈利,低于1%。我国的博物馆要通过发展文化创意产业来增加经营收入,实现博物馆可持续发展的目标,任重道远。

第三节　博物馆发展文创产业经济的多元业态

一、作为全球营销战略的一部分，欧美博物馆发展文化创意产业

在20世纪下半叶，随着主题公园和大型百货公司的增加，博物馆必须与这些休闲设施竞争，以吸引资源。同时，对博物馆的财政支持减少，导致许多博物馆加强了其生产能力，并通过各种渠道筹集资金。在这一背景下，世界上许多博物馆通过文化创意产品的开发和销售、餐饮和租赁物业的组织及商业展览的引入，逐步引入营销理论、方法和手段，实现产业化。博物馆营销已经成为博物馆的主要业务。自20世纪60年代，博物馆的科学界和工业界一直在讨论非营利组织将博物馆商业化的可能性。1984年，美国博物馆协会（现美国博物馆联盟）发表了一篇题为《新世纪博物馆》的文章，称"博物馆营销是一种尝试，旨在吸引更多游客参观博物馆，并通过一系列旨在形成意识形态基础的努力对其进行评估。"1985年，P. J. DiMaggio在《博物馆杂志》上发表了一篇文章："如果利润是一个实质性问题，文化机构则可以进入市场。""如果销售市场有利于实现文化政策目标，就必须使用它……大多数博物馆和文化机构都是用于非营利目的，但不是完全销售。"美国营销专家尼尔·科特勒（Neil Kotler）的观点是博物馆历史上的一个里程碑，他认为，使用战略管理和营销方法有助于在真实的社会环境中提供工作资源，也是博物馆营销理论的基础。

博物馆开始使用营销管理方法和工具，当时很多人表示反对和怀疑。1989年，大都会艺术博物馆的一些研究人员发表声明称，"营销"一词意味着博物馆和艺术的商业化。博物馆营销理论的负面影响不容忽视。首先，产品的生产和销售是由利益和目标驱动的。其次，组织和用户之间的目标划分。博物馆营销不同于一般营销，它拥有广泛的客户，强调与用户的密切关系。博物馆管理的目的之一是为无法进入博物馆和使用博物馆资源的人创造条件，满足不同游客和消费者的不同偏好、风格。如果我们坚持营销是工具，我们可以有效地避免偏离博物馆的发展目标。博物馆管理的最终目标是让博物馆更知名，更

容易理解、参观、欣赏和消费博物馆，并实现其教育价值。博物馆向公众展示展品，通过互动演示让公众熟悉一些展品。然而，公众参观博物馆的主要目的，是通过参观满足特定的个人愿望和需求。只有通过博物馆服务，我们才能满足公众的多样化需求。因此，博物馆营销策略的重点不是单向展览展示，而是服务。

许多外国博物馆设立了专门的营销机构，广告部门也成立了营销团队。具有营销技能的专业人士设计博物馆的营销策略，进行营销研究，设计文化创意产品，策划文化创意项目，推广博物馆的品牌文化，扩大博物馆的社会影响力。组织商业活动的主要手段，包括开发创意产品和提供餐饮服务，是博物馆和文化产业的联合营销。古根海姆博物馆是工业管理和营销策略如何决定品牌全球影响力的典型例子。

古根海姆博物馆是所罗门·古根海姆基金会旗下所有博物馆的总称。这是20世纪利用工业化管理理念实现世界扩张的第一座博物馆。1988年，托马斯·克伦斯（Thomas Krens）成为古根海姆基金会总裁，基于连锁店和酒店为管理博物馆全球化制定了一系列博物馆品牌管理战略。1997年，西班牙的古根海姆博物馆落成。之后，又在意大利的威尼斯、德国的柏林、美国的拉斯维加斯设立了分馆。

古根海姆在短时间内从美国的中型美术馆发展成多国博物馆产业集团，其采用的战略成为研究博物馆产业化和文化经济的重要课题。克劳斯领导下的古根海姆博物馆的主要发展战略是，古根海姆是专利品牌，通过招商联盟，为建设、管理和维护新博物馆支付专利费，自负盈亏。

毕尔巴鄂古根海姆博物馆的建立促进了毕尔巴鄂市的发展，使其成为世界关注的焦点，也是博物馆推动城市发展的一个重要例子。

作为世界四大博物馆之一的卢浮宫，近年来采取了拓展海外品牌、建设分支机构的举措。2007年，阿拉伯联合酋长国和法国政府签署了一项协议，为卢浮宫阿布扎比分馆的建设核销近10亿欧元，其中4亿欧元是卢浮宫品牌30年的冠名费。经过10年的准备，该馆于2017年11月正式向公众开放。博物馆的主要部分是一个银色圆顶，具有非径向风格和传统的阿拉伯艺术风格，由法国著名建筑师让·努维尔（Jean Nouvel）设计，占地2.45万平方米，展出的艺术作品有一半是从卢浮宫、蓬皮杜艺术中心、奥赛博物馆等出口的。阿布扎比卢浮宫的开放是2017年国际博物馆界的一项重大活动。法国卢浮宫无疑从这次扩张中获得了巨大的经济利益，但这种业务模式的可持续性仍有待考虑。

二、我国博物馆文化创意产业在探索中坎坷前行

从20世纪70年代开始，中国博物馆发展创意文化的实践可以分为三个阶段：1970—2007年的"探索"时期、2007—2014年的"发展"时期和2014年后的"高峰"时期。

20世纪70年代后，我国博物馆借鉴国外博物馆的经验，开始探索发展第三产业，解决职工福利问题。有学者写道："近来，博物馆能否带来收入、活动多元化的问题，已成为博物馆关注的焦点……无论从国外博物馆的角度，或是从中国的国情，还是从中国博物馆的现状来看，都需要依靠自己，为观众服务，适当发展博物馆的第三产业。"类似的评论说："博物馆发展第三产业，在各种产业中受益匪浅，收入丰厚，符合改革开放的需要。"

虽然博物馆的商业经营理念已不再局限于"非营利组织"及文化机构，但博物馆内部对于如何发展博物馆的文化产业，仍未有共识，可见实践上的盲目性很大。在此期间，博物馆的管理规模较小，成本效益高，更为简单。在大多数博物馆里，营销活动被视为应对资金短缺的一种临时措施。它们被排除在博物馆的一般事务之外，没有专门的部门和工作人员负责这项工作，管理人员严重短缺。或是在后勤部与广告活动同时工作，或是在机构改革后由闲置人员担任职位。许多博物馆只通过租赁和承包的方式将博物馆商店的活动外包，导致博物馆商店与博物馆分离，管理不善。然而，一些博物馆走上了自主创收的道路，建立了良好的发展模式。上海博物馆是一个经典的案例。1978年，上海博物馆成立了中国第一个工艺品销售部，管理图书、明信片等印刷品及文物复制品，年均销售量近10万册。20世纪90年代，上海博物馆将销售范围扩大到300平方米的文化商店，主要是旅游纪念品，年销售量增加到100万件。另外，上海于1996年成立了一家独立的艺术发展公司，实现自主核算、自我调节、自负盈亏，成功地在国内博物馆实现了产业化。

2007年召开的中国共产党第十七次全国代表大会明确提出："要积极发展公益性文化事业，大力发展文化产业，激发全民族文化创造活力，更加自觉、更加主动地推动文化大发展大繁荣。"作为社会文化的重要组成部分，博物馆在文化产业发展中的潜力越来越受到重视。自2008年实施博物馆自由开放政策，博物馆普遍面临着资金短缺的问题，这对于通过发展文化创意产业来增强博物馆的"造血"能力尤为重要。2007年9月，第一次国家博物馆文化价值研讨会在广东举行。中国博物馆学会博物馆文化产品专业委员会于2008年11月在北京成立，体现了对博物馆创意产业发展的重视。2010年，中国博物馆协会发布了《关于加强博物馆文化产品开发的倡议书》，这是第一份专门为博物馆文化产品开发准备的文件。2011年，国家文物局发布了《国家文物博物馆事业发展"十二五"规划》，明确提出了"博物馆文化发展"的任务，为博物馆文化创意产业的发展提供了更广泛的政治导向和支持。在此期间，首都博物馆、上海博物馆、湖南省博物馆等博物馆总结了文化博物馆和创意产品发展的基本模式，通过积极研究和开发高质量、独特的文化价值，实现了较高的经济效益和社会效益。博物馆文化创意产业发展方面的科研成果显著增加，形成一股科研热潮，为我国博物馆文化创意实践的发展提供了丰富的理论支持。

2014年以来，国家鼓励公布产业发展政策，消除了博物馆文化创意产业发展的观念障碍和制度障碍。2015年，国务院颁布了《博物馆条例》，被业内公认为文化创意产业发展的"加速器"。2016年5月，文化部、国家发展改革委、财政部、国家文物局印发了《关于推动文化文物单位文化创意产品开发的若干意见》，发表了在博物馆内发展文化创意产业的市场主体、研发渠道、品牌创建、营销宣传、鼓励政策、人才发展、鼓励机制、利益分配等。博物馆的文化创意产品越来越多地受到公众的关注。目前，博物馆和文化产业特别关注创意产业的发展，创意产业已经进入了前所未有的黄金机遇。近年来，北京故宫博物院文化创意产品的发展尤为显著，以社会需求为导向，深入挖掘文化资源、质量和创意，开发多样化的文化创意产品，利用多种销售渠道，实现年销售额10亿元，实现了文化产业的发展。另外，北京故宫博物院致力于非物质数字文化的创意，自主开发各种移动应用，结合故宫的传统文化、文物故事、游戏元素，受到好评。在与腾讯的战略合作框架下，双方将在社会平台、全景娱乐、虚拟科学技术等领域开展合作，深化故宫的文化价值观。北京故宫博物院文化创意产业发展的成功经验为我国其他博物馆提供了重要参考。

三、跨界融合推动博物馆文化创意产业业态创新

正如近年来国内外博物馆的实践所显示，博物馆除开发和规范主要的文化创意和自然产品外，还广泛探索在博物馆内使用IP品牌的可能性，这些品牌与电影产业、互联网技术、时尚商业品牌、教育旅游相结合，以丰富多样、灵活的格式和内容为基础，如博物馆艺术节目、博物馆动漫游戏、博物馆直播使用、博物馆商业展、博物馆教育旅游、博物馆娱乐和博物馆主题餐厅等，这些博物馆文化创意产品在广义上已深深融入社会生活的方方面面。"博物馆+"已成为文化产品供给方改革的重要补充，满足了人民的精神文化需求，增加了公民文化支出，提高了人民艺术质量、人文精神和生活幸福感。

2017年以来，《国家宝藏》等文化艺术纪实作品因高评价、高收视率、高回报而备受瞩目，成为跨博物馆国界制作影像的典型例子。博物馆及其古迹被用作知识产权开发的影印产品，在国内外均有登场。世界闻名的电影《博物馆奇妙之夜》由美国自然历史博物馆和二十世纪福克斯电影公司共同制作。第一部电影成功后，史密森博物馆和大英博物馆也参加了第二部和第三部电影。《达·芬奇的密码》《卢浮宫的幽灵》等电影都是在卢浮宫拍摄的，随着电影上映的繁盛，卢浮宫的知名度也提高了。

在中国，与电影业合作发展文化纪录片并不是近两年出现的新现象。2008年和2012年，北京故宫博物院参加了两部纪录片的拍摄。在此之前，钱先生就敦煌、河西走廊、海上丝绸之路、圆明园、中国国窑等文化科目制作了一系列纪录片。但是，由于教条主义，像当时很多博物馆一样，没有产生广泛的影响。这种现象的根本变化始于2016年初的纪录片《我在故宫修文物》，2016年是博物馆密集文化创意产业政策的重要一年。这两个交互的方向表明，博物馆不同形式的文化创意像"春雨"一样渗透到人们的生活中。

《我在故宫修文物》将博物馆宏大的视角转化为微观叙事，从巨匠每天修复工作开始，展示了文化古迹的艺术文化价值和修复者的专业精神和技巧。

纪录片《温度》于2016年被选为中国十大最具影响力的纪实片。这部电影吸引了许多青年观众的目光，在各新媒体平台多次播放，获得了极高的收视率和观众的好评。

《我在故宫修文物》的成功，从博物馆参观率的提高、传统历史文化的发展等方面，展示了新时代高品质文化纪录片的巨大潜力。2017年起，国宝IP艺术节目的登场，使博物馆"热闹"起来。

在《国家宝藏》节目中，承载着历史文献和人文精神，博物馆精心挑选了27件物品，采用现代叙事手法进行明星演绎和嘉宾互动演出，结合舞台故事的最小化，创意精致的画面和巧妙的企划，讲述了上一代的故事，实现了向传统文化的革新性转变，得到了观众的一致认可。这种将严肃的古物、传统习俗、历史、文化、艺术等审美要素融入现代生活的新创意方式，产生了"博物馆旅游热"等附加效果。

《如果国宝会说话》是由中宣部、国家文物局、中央电视台共同实施，中央电视台纪录频道制作的电视纪录片，该节目在2018年新年伊始播出，通过细腻的视频，开启了适应网络时代片段化的新形式的文化纪实，为热爱历史和传统文化的现代青年打开了探索文学文明的窗口。截至2018年2月7日，纪录片《如果国宝会说话》的豆瓣票房收入达到950万。该电影还扩大了海外媒体的影响力，海外社交平台的阅览量达到了100万次。中央电视台的纪录频道在微博上掀起了谈国宝的相关话题，读者超过了1亿人。

《胜利在博物馆》节目于2018年春节在中央电视台儿童频道播出，儿童作为教育目标群体，通过比赛推广博物馆知识。通过对历史条件的模仿再现和对当地文化古迹的解读，激发了孩子对博物馆和文化古迹的兴趣，以及对中国传统历史文化的热爱。

文化艺术节目是在博物馆和视频平台合作框架下发展起来的文化创意产品，是传统历史文化要素转化为现代创新的结果。文化产业的繁荣和社会对博物馆文化创意产业的兴趣的提高表明，现在的文化创意产业在博物馆的发展中已经积累了一定的经验，取得了一定的成果，博物馆和文化创意产业进入了黄金时代。与传统的文化艺术节目相比，《国家宝藏》这类节目更受人们的欢迎，更为流行。第一，结合网络时代文化传播的新特点，充分利用新的媒体平台，像互联网一样渗透到观众的日常生活中。第二，现代的叙事手法，充分体现了博物馆的"故事"。在文化古迹选择中，要考虑历史文化的价值观，还要考虑历史的艺术效果和人的感情，在舞台和表演中生动地解释，让他们做自己想做的事情。第三，要平衡不同年龄观众的喜好，注重吸引年轻人，通过明星效应和时尚设计，有机地结合历史文化因素和时尚兴趣，让更多的人看到。与其他博物馆的文化创意类型相比，这类节目影响力大，覆盖范围广，传播空间广。缺点是投入大量人力、物力、财力，难以量化利润，对合资摄影、广播平台的需求也很大。因此，这种方式非常可行，处于急速发展的阶段，但在普及中小博物馆特有的文物方面，仍然缺乏普遍性。

四、"博物馆+互联网技术"开发数字产品丰富文化感受

以互联网技术为基础的科学技术能力，是推动博物馆向公共和人文教育机构转型的另一个重要因素。计算机、大数据、虚拟现实技术和人工智能等技术的发展推动了现代文化的生产、传播、消费的深刻变革。对于博物馆来说，这是展览会和文化创意体系的现代化。

2011年谷歌开始实施的文化与艺术项目，通过先进的软件和网络技术，让艺术爱好者在线上欣赏艺术大师的作品。2017年5月18日，北京故宫博物馆正式与谷歌文化艺术项目合作，让世界各地的人都能了解到中国的传统文化艺术。2017年11月20日至12月8日，谷歌再次与故宫博物院合作，在养心殿旁的数字馆，设立了"快闪实验室"，展示了3个数字艺术作品。现在，网上以"百科全书式"数字博物馆为基础的博物馆有235个，收集了1625个馆的资料，总计超过7300万人。2018年，覆盖400多个西班牙博物馆的数字工程"圣地亚哥之路数字技术博物馆"正式启动，将与西班牙的圣地亚哥各美术馆合作，通过虚拟现实进行展示，在世界各地的用户中普及了西班牙的历史文化。

我国博物馆还利用互联网技术改变文化产品的形式，利用数字技术打开展览渠道，丰富展览和文化创意。1998年，北京故宫博物院开始建造"数字故宫"；2003年，北京故宫博物院成立了"故宫文化资产数字化应用研究所"，探索通过数字技术保存和展示文物的可能性。目前，该研究所开发了各种虚拟

场景，通过虚拟现实技术，观众可以"穿越"历史时空，感受漫长的文明历史。2013年以来，故宫博物院开发出了集文物、历史、文化、时尚于一体的原创手机软件，如"每日故宫"等，获得了很多的下载和好评。

2017年10月10日，在故宫博物院建馆92周年之际，"发现·养心殿——主题数字体验展"在故宫之"端"——端门数字馆全新亮相，这是故宫博物院传播和创新传统文化的又一次尝试。本次展览运用多种沉浸式技术、虚拟现实、先进实用方法和语音识别技术，向公众展示紫禁城的虚拟生活，并制作了一系列真实游戏，吸引公众参与。2018年2月12日，故宫博物院与凤凰城卫视联合举办《清明上河图》互动展演，结合360度全息技术、经典舞台曝光和四维图像，真正还原了宋代居民的生活方式。在凤凰卫视的帮助下，演出聚集了大量观众，广泛传播文化和文物，最大限度地促进了沉浸、感受和互动。这种文化创造形式在我国尚属首次。除在北京积极开展数字文化创意外，全国其他博物馆也以各种形式参与了数字文化创意项目。文化资源项目的开发也引起了腾讯等知名互联网企业的关注。目前，儿童游戏可以在最全面的博物馆网站上找到，这可以提高青少年对博物馆、历史和文明的理解。天津市一家与博物馆合作的互联网公司指出其未来战略的核心内容是"技术与文化"，旨在通过技术保护、发展和展示文化。

科学技术可以将博物馆文化创意产业提升到一个新水平，有效推动基础研究成果在数字内容和文化创意领域的应用，渗透、改变和影响人们的生活观念和行为方式。文化与科技的高度融合是博物馆文化创意产业发展的主要趋势。但归根结底，技术只是一种手段，过度依赖技术很容易导致博物馆过度娱乐，文物的解读和传播很容易变得肤浅。与其他文化产业一样，文化创意产业必须坚持"内容导向、技术导向"的原则，将对历史文化深层价值的发掘、解读和传播作为产品研发的重点。

五、"博物馆+休闲"包括艺术和文化

博物馆娱乐是博物馆文化创意产业的另一种重要形式。据大量数据显示，自2017年12月初《国家宝藏》走红，博物馆旅游数量增长了50%，有力

证明了博物馆在城市旅游中的激励作用。各种博物馆旅游特别受家长和孩子的欢迎。家长希望孩子从小就与文化古迹博物馆交流，通过亲身体验加深理解。在各博物馆的热门旅游景点中，北京、西安、南京等城市丰富的历史文化古迹大受欢迎。

博物馆也利用这股动力，与各大旅行社合作，推出具创意的博物馆旅游产品，深入策划博物馆参观、博物馆互动。以"博物馆之夜"活动为例，这个构思源自著名的电影《博物馆之夜》，引起市民对博物馆的想象和好奇。影片成功后不久，美国自然历史博物馆开始了"博物馆之夜"项目，邀请游客在恐龙骨骼旁过夜。这一想法也启发了荷兰的博物馆，在那里重建后，1000万游客有机会在博物馆过夜。这进一步加强了荷兰该博物馆在世界上的品牌，也提高了博物馆的知名度。

如果说"参观博物馆"只是"娱乐"的一部分，那么博物馆内的音乐会、表演和其他艺术活动是博物馆文化和创造性规划的一种更为积极的方式。

2017年8月26日，"百物之声"亲子音乐会在上海博物馆举行，来自150个家庭的300名听众参加。在这场音乐会上，上海乐音乐厅"铜乐工坊"乐团主持了《少年派的幻漂流》《权力的游戏》《加勒比海盗》等名曲的演奏现场，现场结合了对文化古迹及其历史文化知识的了解，让观众在欣赏音乐的同时，深入博物馆文化，从而获得多重感官知识和智力知识，从而促进了创造性灵感的增长。

2017年10月20日，"遗我双鲤鱼"——上海博物馆茂明代吴门书礼名家书札精品展在上海博物馆，博物馆从49件展品中精心挑选了7封精美的书信，艺术家根据比赛特点，以优异的演奏水平在音乐会上表演，完美地还原了当时的生活。展览期间，上海博物馆还在互联网平台上发表了演讲。上海博物馆旨在通过策划和组织上述文娱项目，以诗歌、舞蹈、音乐、戏剧、讲座等形式，将文化价值观和展览与传统文化教育相结合。

博物馆旅游、博物馆展示等与文化艺术博物馆创造性"娱乐"融入生活体验深度有关的活动，是对传统历史文化元素的创新再创造和重构。但目前我国举办此类博物馆活动的条件仍以发达地区的大型博物馆为主，其旅游点也集中在著名省份的省会。这种极具前瞻性的博物馆文化创意模式的有效性和进一步发展的可能性还有待评估。

六、"博物馆+品牌"在时尚生活中充满了文化元素

与著名时装品牌的跨境合作、展览是欧美博物馆运营的一种流行方式。在欧美国家，时装设计的奢侈品牌可以在各种博物馆展出，展示最新的品牌和流行的设计，并介绍商业品牌的文化元素。奢侈品市场专家保罗·瓦什卡拉（Paul Vashkara）认为，奢侈品牌往往会给炫耀性消费带来负面印象，但如果在世界博物馆展出，消费者会认为博物馆的展示在一定程度上是真实的，因此可能会削弱这种印象。斯波卡尔（Spokar）认为，举办贸易展览可以给博物馆带来巨大的好处，不仅可以收取场馆和展览的租金，还可以改善游客的年龄结构。许多博物馆注重历史和文化。为了吸引更多年轻观众，它们需要融入更多现代和历史主题。许多品牌奢侈品展览历史悠久，足以说明历史文化的变迁和传承，"正好符合博物馆的使命"。大都会艺术博物馆时装研究所所长哈罗德柯达（Harold Kods）说，"十年前，博物馆与时装业的关系并不顺利。"2011年，法国著名品牌迪奥在莫斯科普希金博物馆举办了迪奥灵感展，每天接待约3000名游客。2011年5月，路易威登特别展览"路易威登——艺术时光旅行"在中国国家博物馆开幕。2016年，苏州博物馆与阿里巴巴合作，在江南举办了一场具有建筑文化特色的时装秀，提升了苏州博物馆的品牌。

2017年初，"故宫淘宝"和著名品牌"稻香村"限量推出精品小吃，很快销售一空。2017年中秋节，故宫和稻香村联合推出限量版月饼，至今仍畅销。2018年春节前夕，双方又合作推出了一系列美食，双方都取得了优异的销售业绩。

博物馆选择与商业时尚品牌合作，利用品牌广泛的消费者和营销机会，将博物馆的文化和历史元素融入人们的日常生活、服装、住宿、交通等方面，从而不被察觉地接受传统文化的影响。对于那些熟悉现代消费品牌并沉浸在其中的年轻人来说，这种形式削弱了博物馆严肃的面貌，减少了文化古迹知识的枯燥和教条性质，融入了他们的日常生活，强调了人文化的互动体验，吸引了他们对文化的兴趣，激发了他们实地参观博物馆的愿望。对于与博物馆合作的

企业，通过将博物馆的更多的文化元素引入品牌中，也有助于提高品牌形象，增强品牌信誉，促进商业营销。"博物馆+品牌"的传播模式建立了博物馆与企业的联合制胜机制，可用于未来文化消费市场。

七、"博物馆+修复"为文化交流提供机会

对于许多伟大的博物馆来说，参观通常需要一天时间，提供餐饮服务是博物馆文化创意产业的重要课题和机遇。博物馆有两种选择：经营博物馆餐厅、组织餐饮并收取租金。在设计和开发产品时，博物馆的个性化餐饮应尽量适应博物馆的特点，使餐厅与博物馆的整体环境有机结合，让公众在用餐时感受到艺术的影响。

2009年，麦当劳的卢浮宫建立了一个符合博物馆形象的"高品质"商店。"薯条的味道可能会落在蒙娜丽莎的鼻子上。"卢浮宫现在有一家"马丽咖啡馆"。虽然这顿饭并不令人满意，但你可以在餐厅里欣赏卢浮宫的整体美景。维多利亚与艾尔伯特博物馆的咖啡馆是世界上第一个三居室的博物馆，装饰着维多利亚艺术。茶点时间还将为钢琴表演提供舞台，让观众带来三种感官感受：视觉、听觉和味觉。根据博物馆的展览，咖啡馆还将展出当代手工艺作品。蓬皮杜艺术中心建于2000年的乔治餐厅，它的设计风格保留了蓬皮杜的前卫超现实主义风格。它的外观是银色的，像一个外星虫洞。

台北故宫博物院有四家餐厅，致力于为参观者提供优质多样的餐饮服务。为配合馆内突出博物馆特色的计划及设计，在假期及特别展览期间，展出主题套装，以服务博物馆的整体教育用途。主管部门是台北故宫博物院职工消费合作会，这是一个非营利组织，受政府委托，以及与专业管理团队一起提供餐饮和文化创意产品销售服务。台北故宫的文化创新渗透到餐饮设计、食品研发等方面。

除为参观者提供餐饮服务外，博物馆还越来越努力为参观者提供更具创造性的交流和娱乐机会。每年5月初，纽约大都会艺术博物馆都会举办一场以特别主题为主题的慈善舞会，并为大都会艺术博物馆的时尚博物馆募捐。从来源和功能上看，博物馆就像一座教堂，比教堂更具艺术性和人文主义，因此

吸引了热爱和热爱文学的新人选择博物馆作为他们婚礼的场所。例如2015年，上海玻璃博物馆建起了"爱庐彩虹礼堂"和"王景庐水晶厅"。一些传统博物馆也采取了更大胆的改革举措，将博物馆改造成包括艺术、美食、自然景点和休闲在内的综合性文化休闲场所。一个典型的例子是印第安纳波利斯艺术博物馆。洛杉矶亨廷顿庄园（图书馆、艺术收藏中心和植物园）、路易斯安那现代艺术博物馆和荷兰的克勒勒·米勒博物馆也有类似的活动模式。

印第安纳波利斯艺术博物馆是美国艺术的第八大百科全书博物馆，举办了许多成功的艺术展览，收藏了伦勃朗的作品。从2012年起，查尔斯·维纳布尔（Charles Venables）就任博物馆馆长，采取一系列措施以提高人们对博物馆的兴趣，吸引更多的游客。他受到纽约Laplaaca Cohen Market公司的"文化追踪"项目研究成果的启发。也就是说，在一个过度娱乐的时代，人们越来越渴望"有趣"的文化体验。第二和第三个考虑因素是"对内容的兴趣"和"新的经验"。2017年10月，印第安纳波利斯艺术博物馆更名为新菲尔庄园（意思是"自然和艺术的新领域"）。进入新菲尔庄园，游客可欣赏园内自然美景及艺术表演，品尝异国美食，参加迷你高尔夫，参观艺术馆，获得完整的艺术文化康乐体验。重建后，新菲尔德庄园的成员和观众人数大幅增加，资金不足的情况迅速改变。

八、博物馆发展文化创意产品是业界的主要活动之一

尽管博物馆发展了多种形式的文化创意产业和创收方式，但发展创意文化产品仍然是国内外最重要、最受欢迎的管理工具。首先，与其他工业形式相比，发展文化创意产品是最为社会接受的方式，不容易受到质疑。例如，在博物馆内引进商业展览的问题，是极具争议性的。正如艺术评论家T. Green所说："想要从一个成熟的博物馆看到一个充满研究和学术价值的展览……知名博物馆应该举办更多的探索性和经过时间考验的展览。"美国博物馆在一场争论中保持着时尚。大多数人认为，国家博物馆举办的奢侈品展览过于商业化，损害了其在公众心目中的声誉，将餐饮品牌引入博物馆也是如此。2007年，网民和学者就星巴克是否离开故宫展开了激烈的争论。"对于故宫这样对国家具

有象征意义的重要文化遗产，我们必须认真对待它的管理……有人认为外国咖啡馆在故宫有一家很小的企业，没关系，其实这不只是规模问题。""故宫是世界文化遗产，有许多宫殿，经营的餐饮越少越好。在世界上许多国家，建议游客随身携带食品和饮料，以满足基本的生理需求。不应该建立太多的餐馆，也不适合建立外国咖啡馆。"

其次，欧美博物馆通过积累丰富的经验和建立完整的产业链，发展出古老的文化创意产品。欧美博物馆成立之初，为其运作筹集必要资金，开设博物馆商店，销售文化创意产品，然后不断发展，扩大生产链，成为重要的资金来源。相比之下，其他部门的管理方法发展缓慢，没有形成与适应规模和成熟程度相适应的发展模式。例如，古根海姆博物馆的全球扩张战略正在加快步伐，但在实践中仍面临一系列挑战。拉斯维加斯和威尼斯分馆的关闭表明，这一管理战略还没有发展成为一种有效的发展模式。

最后，对我国博物馆来说，发展文化创意产品是适应国情的最有效途径。中国历史悠久，文化价值丰富，这是中国博物馆发展文化创意产业的主要优势。这些涉及考古资源和历史艺术创意的内容，为文化创意的模式设计和作品创意提供了充分的依据，这些都是巨大而丰富的基础。中国博物馆具有巨大的文化创意产品开发潜力，这是文化创意产业在不同规模、不同类型博物馆中的共同发展模式。适用于故宫博物院、上海博物院等著名综合性博物馆的商业展览等手段，难以适用地方中小型博物馆。因此，针对国情和博物馆发展阶段，文化创意产品的开发是业界最适宜的管理形式。

第五章　博物馆文创产品开发的多元实践

第一节　博物馆文化创意产品的类型划分

与国外博物馆销售的丰富多样的产品相比，品种的独特性和均匀性是国家博物馆文化创意发展的主要问题之一。随着互联网时代的到来，融入数字技术的新型文化创意产品日益涌现。因此，有必要从文化创意的博物馆作品分类的角度对其类型学进行研究。

一、博物馆文化创意产品分类

2005年，教科文组织将文化财产分为核心文化财产和相关文化财产。前者是传统文化产业的产物，文化含量高，材料载体有力，包括文化遗产、书籍、媒体、美术；后者是增加文化服务和活动、设备和支持"基本文化产品"生产的要素，如软件、广告和建筑。一些学者将文化产品分为私人的、纯公共的和准公共的。其中，公共广播电视节目、政府文化服务机构举办的免费展览中的物品，完全是公共文化物品，大部分是为准公共目的而购买的。从物质上看，文化产品可分为物质类和非物质类两大类。学者慧琳认为，就整体经济定义而言，所谓文化财产是可以交换的文化物品，是满足人们文化消费需要所必需的；文化服务通过提供劳动力满足人们的文化消费需求。从产品供给的角度看，文化产品可分为生产性和服务性两类。前者用于教育、收藏和娱乐；后者是实践中缺失的精神文化的客体，如文化表演、展览、旅游娱乐等。

创意产品的分类不同于文化产品。从使用角度看，可分为创新的生产产品和消费创意产品。创新的生产产品是一种无形的创造性思维，是增加产品在工业设计、软件开发、广告计划等技术上的附加值。消费创意产品被用来满足消费者的心理、精神和情感需求，主要是个人或家庭。从表达形式上看，创意产品可分为内容和设计两类。创意产品的内容以品牌和知识产权为基础，在创意产品设计创造性地融入文化元素的设计过程中，提升产品的附加值。在艺术衍生领域，一些学者根据加工程度和创意组合，将其分为简单复制、高质量复制和阅读文化内容后创意三类创意产品。

二、博物馆文化创意产品的特点

博物馆文化创意产品集文化创意产品于一体，它是具有较高创造力和中国特色的文化产品之一。由于文化产品是以家庭或个人的财产购买的，所以它是一种私人文化产品，不同于表演、电影、电视等公共文化产品。文化产品是一种用于市场交换、产生经济收入的文化商品，也是一种生产性文化产品，主要是物化的，以满足人们的精神消费需求。在创新产品类别中，创意产品是典型的消费创意产品，尽管在研发过程中也引入了生产创意和技术。原创产品的原型设计是具有品牌和知识产权内容的开拓性产品，但产品本身却是文化附加值高的设计产品。根据艺术衍生产品的分类，文化创意的博物馆产品多属于"读完后创意的创意产品的文化内容"，只有极少数是简单复制或高质量复制。

博物馆文化创意的具体类别可分为狭义的文化创意产品和广义的文化创意产品。由通过博物馆及书店渠道出售的文化创意产品带动，是狭义的文化创意博物馆作品，不单包括相册、刊物、文物复制品等。此外，根据从展品中提取的文化元素，设计各种具实用价值及市民对其有兴趣的日常用品。例如，美国大都会艺术博物馆的网上商店销售超过1000种文化创意产品，包括出版物、印刷品、小雕像、珠宝手表、服装、家居用品、文具和儿童玩具。台北故宫博物院设计文化创意产品2000余种，涵盖书籍、视频、礼品、画作、精品收藏、文具设计、装饰品。即使是种类相对单一的上海博物馆，也有几件昂贵的物品，如复制品、出版物、日用品、文具等。

值得注意的是，博物馆正在发展越来越多样化的文化创意形式。以博物馆的文化资源和文物为基础，开发了一系列广泛的"文化创意产品"，包括电视节目、应用博物馆App节目、博物馆数码体验项目、博物馆游戏、博物馆文娱活动、博物馆展品、博物馆主题餐厅、博物馆娱乐综合体等。尽管目前广义上的博物馆创意文化在数量、质量和产业上都不多，但互联网技术的快速发展和博物馆与其他行业的深度融合将是未来的一个重要发展方向。

三、文化创意博物馆作品价值构成分析

长期以来，商品"价值"的讨论都是从经济学和哲学的角度来探讨的。"价值"是由主体对客体的态度决定的。如果一个对象的功能或属性可以满足主体的需要，无论是物质的还是精神的，那么该对象可以被认为对主体有价值。设施的成本取决于它满足要求的程度。博物馆文化创意产品是一种特殊的商品和文化产品，对其价值构成的研究需要分析普通商品、文化产品和创意产品的价值。

根据马克思的劳动价值论，共同商品是价值使用和交换的统一。商品的"价值"是一个人在商品中凝固的无价值的劳动。价值可以用社会生产所需的时间和商品的市场价格来衡量。马克思认为共同商品的价值是一定社会关系的产物，是抽象劳动的凝结，价值是无形的。

至于文化的特殊商品，要准确估计社会所需的工作时间是不可能的，因此在马克思的劳动价值论中，很难对其价值作出令人满意的解释。19世纪，西方经济学提出了一种更符合文化产品价值观的效用理论。"效用"是指消费者在满足消费者需求的基础上赋予商品的主观属性。"效用价值"是指商品满足心理需求和愿望的能力，或者消费者对商品的主观评价，解释商品价值的形成。运用效用论分析文化价值有几个特点。

文化产品具有象征性、创新性、娱乐性和现代性。

文化产品具有思想性、社会性、派生性、再现性和快速传播性等特殊特性。

文化产品具有一定的外向性。文化具有积极的外部力量，包括产品的高价值。文化的外向性对传播先进思想文化、提高民族素质具有重要作用。

文化价值的形成是主观的、随机的、动态的。文化价值观不同于一般商品价值观，在实践中，文化价值观处于一个开放而充满活力的体系中，在生产、流通和消费的各个阶段都是通过不断运动形成和实现的。文物价格是由一系列非常偶然的因素决定的，例如对文物的影响和"文化场"的影响，这些因素包括生产者、批评者、消费者和分销渠道。

创意产品作为一种特殊的商品，融合了艺术和技术、文化和经济、物质和精神，处于商品、文化和社会的三重结构中。此外，它们的价值不能单从劳工价值的角度来衡量，而是代表一个多层次、多维度的价值体系。经验是实现创意产品价值的主要途径。价值的形成和水平主要取决于消费者的心理感知，因此效用理论在分析创意产品的价值构成时具有一定的优势。但创意产品的核心价值在于其创意内容、知识产权等客观价值，需要用客观价值理论来分析。外国学者经常从市场（经济价值）和非市场（文化价值）两个角度分析创意产品的价值。例如：Baumor和Picock认为艺术对社会有益，不管他们是否付钱；Ohagan建议艺术可以参与市场交易，但不是为了公众利益而出售；以Throsby为代表的文化经济学家认为，价值观作为一种社会建设现象，是文化与经济内在联系的基石。国内学者何基、高长春通过区分三种价值观建立了创意产品价值模型：利用价值，可以认为是功能价值、创意价值、文化价值和认知价值的结合；可以以价格形式表达的市场价值，包括产权、知识产权、消费者认知和文化象征；反映创意产品内在认同的非市场价值，是一种长期的社会归属价值，不改变消费者的主观意愿，如科技创新、审美艺术、教育价值、遗嘱价值等，便可累积为文化资本、选择成本、声望等。通过对创意产品相关价值体系的分析，为博物馆文化作品的价值研究提供了重要的参考。

博物馆的文化创意产品不仅是特殊的文化产品，也是独特的创意产品。因此，它们的价值代表了文化创意产品的一系列特征。博物馆的创意文化价值作为文化的产物，其价值可以通过效用论、革新论、娱乐论、派生论和再现论来分析，具有显著的积极外部性。它们的价值取决于主观评价在动态过程中形成。但是，博物馆的文化创意商品和影像放送等无形文化产品不同，主要是个人或家庭购买的物质载体，意识形态低，人气低于一般文化的价值。价格设定受到主观评价的影响，但基于固有技术和使用成本，仍然存在一系列客观标准。博物馆和创意产品一样，在各种价值体系中，创意产品价值模式主要应用于文化创意博物馆的作品价值分析，可分为使用价值、市场价值、非市场价值三个层次，但审美价值、艺术价值、历史文化价值高于科技创新。过去在国内外，研究人员很少系统地总结博物馆的文化创意产品的价值，一般是经济性、实用性、观赏性、智力性、文化性、收藏性等。这项研究指出，文化创意产品的发展对博物馆本身、社会和经济的整体运营具有重要的经济和教育意义。对于消费者来说，除实际考虑之外，文化创意产品的购买是根据审美需求和内在心理需求决定的，创造了博物馆文化创意产品的审美价值和感情价值。

（一）象征消费理论的经济价值

作为文化创意产业不可分割的一部分，文化创意产品的开发，必将给博物馆和整个社会带来巨大的经济收入。它们提供了巨大的发展空间，这是由于现代文化和视觉符号的转变，生产逻辑被消费逻辑所取代，由经济复苏的感觉所创造。

一些从事视觉文化研究的西方马克思主义者，根据马克思主义文化价值观的特殊性，提出了"马克思主义符号经济学"理论。他们的基本观点不同于传统语言中心的哲学观点，现代文明越来越倾向于感知视觉中心。在以视觉和形象为中心的文化背景下，图像符号的产生、传播和消费越来越重要，成为主导形式。英国社会学家斯科特·拉什（Scott Lash）认为，现代社会不是物质客体，而是越来越多的符号。符号有两种类型，一种是具有认知内容的信息商品，另一种是具有审美内容的艺术商品，后者是具有基本审美元素的产品（电影、电视等），不仅在快速增长中，而且在商品中符号和图像元素的增值中，在生产、流通、消费的过程中对物质对象进行审美化。消费理论也表明，在资本主义全面发展的阶段，消费理论取代了生产逻辑、需求和消费价值的分离。人们购买商品并不是因为真正需要它们，而是因为它们象征性地有价值。在消费社会中，事物遵循的是象征逻辑，其意义不重要，也不与现实联系在一起，而是被模仿和产生幻觉。在此背景下，博物馆文化创意产品自然具有象征意义。

经济的形成经验，是现代文化产业发展的主要背景。要建立有利于提高人民福祉和生活质量的个体化生产和服务，就必须超越同质化、规范化的产品和服务，创造附加值效应，为消费者提供良好的心理体验。从这个意义上说，所有的文化产品和服务都依赖于经济的发展。但经济模式形成的经验总体上主要是在产品设计和营销方面，以提高整合理念的应用经验。发展博物馆文化作品和创意产品是顺应经济潮流的一项举措。通过提取和应用文化艺术元素，开发创新产品，满足人们的精神和物质需求，使消费者在日常生活中感受到文化艺术的影响，从而增强幸福感和人文感。

博物馆文化创意产业的发展，为消费经济、符号经济时代，已经带来了可观的经济收入，成为现代文化产业体系的组成部分，也面临着严峻的发展机遇和广阔的发展空间。

（二）基于心理学和传播理论的教育价值

随着"新博物馆"概念的推行，博物馆的设立目标经历了由"以收藏为中心"向"以观众为中心"的转变，公众教育的责任被充分认同为博物馆的中心功能。美国博物馆联盟表示，"博物馆必须有效地发挥其作为重要教育资源的作用，为社会各阶层提供教育服务。"然而，公众艺术教育在当今社会的重要性不容忽视，因为它有助于培养公众的审美兴趣和创造潜力，维护文明。参观博物馆是向公众介绍公共艺术的主要途径。在现实生活中，博物馆主要通过展览、讲座、参观、论坛、活动等提供公共艺术教育。然而，传统的博物馆模式面临着三个挑战，阻碍着公众教育和传播目标的成功实现。

第一，展品展示了观众和作品之间的距离。沃尔特·本杰明（Walter Benjamin）提到了艺术品的原始价值："崇拜是以传统联系为基础的原始方式。"即使进入博物馆展厅，艺术作品的神秘感也丝毫不减，观众在保持高贵感的同时，仍会产生一种无意识的崇拜感。观众和作品之间存在着一种自然的鸿沟和永恒的感觉。但许多在历史上流传下来的作品，都需要近距离的感悟、观赏、甚至触摸和游戏，才能充分展现细节的艺术魅力，充分发挥其文化审美功能。例如，我国古代绘画以卷轴的形式出现，让参观者在组织、展览和散步之间感受艺术之美。展品摆放环境的改变和距离感的形成，无疑阻碍了文化的有效传播。

第二，遗忘导致观众对博物馆和展品的印象不断减弱。抵达博物馆的参观者要处理数百件古物和大量的辅助材料，每天参观时间不超过10小时。由于人脑在短时间内获取信息的能力有限，所以在不知不觉中作出选择是不可避免的。根据赫尔曼·艾宾浩斯（Hermann Ebbinghow）的遗忘曲线理论，在获得和学习了不熟悉的知识之后，如果人们不进行有效的重复，第二天他们的记忆只剩下25%。因此，除少数专家及艺术爱好者曾多次到博物馆考察展品外，一年内大量普通参观者都不会进入同一个博物馆，对展品及博物馆本身的印象必然会减弱，只留下模糊的记忆，这与展品开展社会艺术教育的最初目的有很大的矛盾。

第三，单向嫁接不利于深入了解和感受。博物馆展览是按照一定的时间序列和叙事方式设计的，本质上是以单向宣传为导向的教育模式。现有的教育研究结果表明，与通过双边交流进行的互动式学习相比，这种教育模式不利于学习知识和信息，也不利于实现发展目标。教条式的学习模式，更多的是通过学习知识搜索经验，通过新媒体积极获取信息。因此，为了更好地发挥民间艺术教育的功能，博物馆必须改革现有的教育模式。

基于上述挑战可以采取以下应对措施。

其一，这些创意产品提供的个人文化体验，满足了公众与展览密切接触的需求。随着机械复制时代的到来，文化产业的建立和发展允许艺术作品的大规模生产和复制，从而失去了其独特的原创性，取代了崇拜的价值观。相当一部分艺术作品不再被精英垄断，从而产生了艺术的民主化和传播。从某种意义上说，博物馆的文化作品也是现有艺术作品的机械复制，这对公众知识和广泛的艺术教育具有重要意义。公众可以通过购买和拥有文化创意产品、艺术品及其零件来发挥作用。艺术作品所环绕的"魅力"已经消失：艺术作品可以触摸、感受并加深对文化和艺术价值的理解。

其二，博物馆的文学作品和展览保存了很长时间。对抗遗忘的唯一方法就是重复和强化它。对于未能在短时间内参观博物馆同一展览的普通人来说，保存展示其主要艺术元素的文化古迹和创造性文化作品，是对博物馆参观者的记忆和关注的最高敬意。提供文化创意产品，融入日常生活，巩固和保存博物馆消费者的美好记忆。每一次使用，就像昨天的重播一样，都会唤起对展览的深刻记忆和重游的热情。

其三，创意产品营造沉浸式互动学习的氛围。很明显，互动式沉浸式模式比单向教育系统更有优势。尽管许多体验式学习方法在博物馆设计和举办展览时得到了自觉的应用，但虚拟数字文化产品仍然让远离博物馆的观众沉浸在其传播领域中，获得知识和美学的信息。虚拟现实技术，如AR、VR等，被用于博物馆的文化作品中，为参观者创造虚拟体验。结合导游等正在传播、心理知识领域开发的App游戏等非物质文化创意产品，观众轻松地观看、了解展品，可以增加对博物馆文化的兴趣，探索主动性。博物馆教育得到了有效的扩展，成为随时随地都可以利用的教育资源。与传统的教学方法相比，它们显示出巨大的优势。

（三）视觉文化语境中的审美价值

博物馆文化创意产品不同于普通商品。它们的核心竞争力是美学的另一个重要价值。审美需求是最高的精神需求，不同于其他动物的动机和个性，亚伯拉罕·马斯洛（Abraham Maslow）的需求层次理论由五阶段模型已经扩大为八阶，其中，审美需求巨大，对人的成长具有重要意义。审美需求给人希望，使人生活在一个快乐、舒适、美丽的环境中。如果这种需求得不到满足，人就会产生心理障碍。"有些人有真正的审美需求。丑陋会让他们生病（以一种特殊的方式），美会治愈他们。人们积极追求，只有美才能满足他们的欲望。"[1]

由于对审美需求的自然追求和回应，以"日常生活审美化"为特征的美学成为后现代文化的审美属性。"日常生活审美化"是指在现实生活中引入"审美关系"，赋予日常生活的审美和艺术品质及普通和庸俗对象的审美特征。在这个视角下，日常生活中的一切都体现在审美中，传统精英的审美趣味转化为审美文化。事实上，近年来，西奥多·阿多诺（Theodor Wiesengren Adorno）认识到文化产业，提出了"大众文化融入文化产业的模式"，加速了"美化日常生活，塑造艺术中的现实生活"的现实趋势。在与文化生产有关的经济因素的干预下，"国内外社会生活的普及"得到加强。让·鲍德里亚（Jean Baudrillard）在《符号交换与死亡》一文中提出了"三系列类比"理论。与"模拟"的经典时代和"制造"的工业时代不同，以代码和符号为核心

---

[1] 马斯洛. 人性能达到的境界[M]. 马良威译. 西安：陕西师范大学出版社，2010

的"模拟"模式在现代文化中被广泛使用，呈现出"形象的转向"。"日常生活审美化"最生动的表现是"模仿"在现代模仿文化中的延伸和爆发。鲍德里亚称这种文化特征为"超审美"。艺术元素渗透到所有物体中，成为审美符号。

在"审美概括"的背景下，文化创意博物馆以消费者审美需求为导向的作品发展，是日常生活中的审美具体化。博物馆文化的审美意义建立在两个方面：以文化价值为基础的原型审美内容；通过艺术设计，尽可能地提取和表达产品的审美内容。达·芬奇（Leonardo da Vinci）的《蒙娜丽莎》是卢浮宫博物馆的镇馆之宝，具有重要的艺术意义。台北故宫博物院也在雕塑、玉器的基础上，开发出各种文化创意产品，特别是传达原作优美的家居用品。有关梵高的所有文化创意产品都取自梵高的画作，无论是坐垫、围巾、西装，还是一把描绘星空的文化伞，都为梵高的审美世界带来了参观者。光刻是一种原创产品，直接用于家居装饰，充分发挥审美效果。产业整合的审美视角是审美经济学的审美观。将艺术、文化、设计和美学结合起来，将文化元素引入物质产品中，提高商品的文化价值，并以家庭艺术和社会美学为目标。文化艺术作品博物馆在物质产品设计中充分发挥文化艺术元素的作用。改变产品的外观和内部设计，可以提高产品的实用性和美学价值。

（四）文化资本理论背景下的情感价值

情感价值是博物馆文化价值的特殊价值，不同于普通文化价值的体验。从广义上讲，博物馆文化创意产品的审美价值和教育价值可以归结为"情感价值"。狭义上的"情感价值观"是指消费者对其拥有文化创意产品的感知，这与"自我实现"的需求水平理论是一致的。

由于审美和象征价值的增加，博物馆的文化和创意产品的价值总体上高于具有类似功能的商品。消费者购买文具不仅是为了使用，而且是为了展示他们的良好品味和文化教养，这是基于"炫耀性消费"的心理动机，与普通人不同。"炫耀性消费"理论是由托斯丹·凡勃伦（Thorstein Bunde Veblen）提出的，其意义是人们不想满足实际需求，而是渴望通过追求社会地位和阶级认同来展示自己的地位和财富。文化的消耗是一场没有硝烟的战争。富人通过展示他们的积极消费来赢得或巩固他们的社会地位。在双方的经济文献中，"炫耀性消费"的概念包括"炫耀效应""钻石效应""位置效应"和"地方消费理论"。示范消费的一个功能是防止社会上层和下层的渗透,例如对高质量艺术品的消费设置障碍。

在博物馆的文化创意产品价值体系中,经济价值和教育价值是社会和博物馆从文化创意产品的开发中获得的价值,审美和情感价值是消费者在购买过程中体验到的价值,这四个价值观密切相关。审美和情感价值的存在提高了产品的经济和教育价值,了解产品的经济和教育价值也有助于消费者的审美情感感知。基于这四个价值,形成博物馆文化创造的收藏价值、装饰价值、实用价值、投资价值和产品传播价值,从而形成一个复杂多样的价值体系。

第二节　博物馆文化创意产品的发展要素

文化产业规范对博物馆文化创意产业的发展提出了全新的要求,为博物馆提供了广阔的发展空间,受到了博物馆工作人员的高度重视。新形势下,博物馆要更好地适应时代发展趋势,必须开发文化创意产品,加强创意文化产品的开发,不断创新,与时俱进,保持无形资产和知识产权,为博物馆文化创意产业的发展开辟更广阔的空间。

一、博物馆文化创意产品的重要性

(一)稳步提高博物馆文化的生产力

文化生产力对我国文化创造产业的发展具有重要作用。就文化创意产业而言,其主要特点是文化资源向文化创意商品或服务的转变或转化。博物馆作为保存和展示传统文化的场所,拥有丰富多样的文化资源。发展文化创意产业,在博物馆中创造独特的文化创意产品和服务,是提高文化生产力水平的重要手段之一。

(二)经济效益和社会效益的双重提高

为了提高博物馆的社会效益,必须积极开展文化产品的推广工作。与展览所获得的文化产品合作，可以吸引观众的注意力，给他们留下深刻的印象。此外，文化创意的博物馆产品是博物馆宣传的重要手段之一。通过将文化元素与现代创意思想相结合，可以更好地传播文化，展示博物馆的社会服务。

二、博物馆文化创意与产业发展现状分析

（一）财政支持严重不足

博物馆作为一个公益机构，其经费主要来自公款。总地来说，政府支持博物馆的正常运作，并透过基本研究的收费来保障博物馆的安全。然而，博物馆在发展文化创意产品方面，需要大量的资金，申请过程十分烦琐，严重阻碍了有效的开支，造成严重的延误，导致博物馆文化创意发展资金严重不足，阻碍了博物馆文化创意产品的发展。

（二）缺乏创新，产品发展逐步同质化

有些博物馆很难吸引投资，部分原因是文化领域的独立自主性不足、片面性和缺乏创造性思想。它们的显著特点是：复制收藏品；将文物复制到不同的产品上而不改变；产品设计处于设计初期，缺乏多元的表达形式，与产品需求多样化脱节，难以激发消费欲望。

此外，产品的异质性、市场上类似产品的频繁出现严重制约了博物馆文化创意产业的发展，不利于博物馆文化创意市场的建立。

（三）缺乏市场研究

在博物馆文化创意的发展中，避免复制、结合继承性和发展性、深入研究和有效利用文化价值观、满足群众对审美的需求，这对文化产品的发展具有重要意义。但在实践中，在诸多因素的影响下，一些博物馆积累了大量与文化创意活动有关的资料。其主要原因是之前没有进行市场研究，消费心理和需求也没有得到充分的研究，这在一定程度上不符合公众意识的要求。

三、博物馆文化创意产品及产业发展措施

（一）为文化创意产业的发展创造新的政策环境

《博物馆条例》要求全面披露馆藏内容，重点关注文化创意、旅游等融合产业，发展衍生产品，扩大博物馆发展潜力。在文化产业发展过程中，建立有效的政策机制十分重要，为博物馆的文化创造和工业发展提供法律和合理的基础，同时政府应通过增加预算拨款，赋予博物馆足够的权利，特别是在人事、财政和业务政策方面，给予博物馆税收、捐赠等一定的优惠支持，为文化创意产业发展创造良好的政策环境。

（二）加强产品创新，增加分销渠道多元化的机会

在发展文化创意的博物馆作品时，必须积极考虑创新。博物馆要善于倾听广大群众的意见和想法，积极接受创造性的思想。在这方面，博物馆应积极举办文化创意比赛，透过这项比赛，可以利用创意和可行的创新发展生产，更有效地满足消费者的需要。

同时，博物馆必须改变过去唯一的沟通方式，与企业和社会组织保持密切联系，宣传产品，扩大销售范围。根据相关市场研究，许多企业有意购买商业礼品，设计师可以结合这种动态整合企业的定制元素，从而获得企业的满意。此外，为了充分发挥文化IP的潜力，文化创意的博物馆产品可以通过商标许可获得经济效益。

（三）积极开展市场调研，建立网店

在博物馆发展文化创意产品的过程中，要积极开展投资前市场调研，充分认清人们的消费需求和心理，树立鲜明导向，密切关注市场发展趋势，确保使文化创意产品的开发符合消费者的需要。良好的文化创意产品不仅要有高度的创意，而且要以增强功能为目标，赢得消费者的高度满意。因此，为了满足不同目标群体的需求，必须保证产品的美学性和实用性，严格控制其质量，关注从开发到生产的许多细节。

同时，利用"互联网+"良好的信息技术，积极发展网络营销渠道，弥补现实渠道中的一些不足，充分发挥互联网用户高黏度的优势。目前，北京、上

海和苏州的博物馆都设立了网上旗舰店。例如，故宫博物院成立一年后，在北京设立了网上旗舰店，网店不仅盈利，而且为信息收集提供了相当大的便利。博物馆的文化创意部可以通过网络收集消费者心理、意见等方面的信息。

（四）树立博物馆艺术产品的独特形象

品牌作为无形资产，具有较高的经济价值，体现了对产品的理解。在此基础上，博物馆要打造独特的品牌，灵活运用到文化创意产品中，既能激发民众购买力，又能在广告中发挥作用。还应强调的是，在品牌创建过程中，要树立品牌意识，注重保护品牌知识产权。

加强博物馆的创造性文化发展是博物馆文化产业发展的重点之一。积极融合创新，打造独特的文化创意产品品牌形象，加深人们的记忆，为文化作品和博物馆产业的发展注入新的动力。

第三节 博物馆生活化文化创意产品典型

博物馆的文化创意发展是博物馆文化产业的重要组成部分。以生活为中心的文化创意产品以其高品质、低价和强大的艺术性受到高度评价，文化创意产品市场份额不断增加，成为文化创意产品的主要来源。家庭文化产品不仅满足了消费者的艺术消费需求，还将传统的历史文化巧妙地融入现代生活，促进了文化创意产业的良好发展和博物馆文化的传播。

一、文化创意产品生命成因分析

现在，博物馆的教育功能成为公众关注的焦点。作为保存中华民族宝贵历史文化遗产的博物馆，如何通过解读和传播古迹的文化内容，完成保护民族文化的教育使命，已成为社会广泛讨论的话题。文化创意产品就出现在这样的社会背景下。

博物馆主要通过在展览室举办展览会来传播博物馆的文化和教育功能。但是，随着社会的发展，展览会已经不能满足人民群众对文化生活的需要。在现代信息社会中，谁有较强的传播能力，谁的文化观念和价值观就可以广泛传播。因此，需要大力开拓博物馆的文化传播渠道，扩大媒体，构建更广泛的博物馆文化传播系统。

文化创意是收集"活着"文化发现、传播历史和文化的手段之一。如果很多人满足了物质需求后还有大量未使用的资金，他们就会重新考虑自己的期待，然后在精神上花费更多的时间和资金。随着人们素质和需求的提高，现有的消费观念更加时尚和个性化。文化创意产品因其独特的历史文化特征而受到社会的广泛关注。在信息高度发达的今天，如何通过文化创意产品更好地融入现代生活，确保人们对传统历史文化有积极的认识，改变过去被动交流的现状，实现社会效益与经济效益的平衡，这是实现博物馆教育功能的当务之急。

文物原版由于既昂贵又缺乏生命力，很难融入现代生活，发展水平低，使人们缺乏兴趣。网络时代，文化创意产品的开发超越了原始设计、生产、营销、市场反馈、最终产品确定的复杂过程。市场需求通过网络获得，逐渐转化为适合市场的开发模式，消费者参与产品开发。这个模型可以从一开始就正确定义市场，将创造性的文化作品和独特的艺术美和一般的消费心理结合起来。

与人们日常生活相关的文化创意产品，既满足了消费者的实用时尚需求，又突出了文化特色，促进传统历史文化融入生活，通过特定形式实现丰富的历史文化生活。在市场化的条件下，具有强烈感情的生活文化创意产品代表着许多社会消费者对这个问题的回答。

二、典型文化创意产品的具体分析

在日本，节日期间所创造的创意产品早已取得了巨大的成果，在研发、市场定位、产品文化等方面取得了独特的成果，值得更详细的分析。这里介绍日本的阿萨德清真寺和东京国立博物馆两个古典文化创意。

以日本传统文化和民间传说为主题的阿萨德文化创意产品，体现了日本节日的独创性和优雅性。寺庙里有艺术复制品、艺术衍生物、民间衍生物等丰富的文化创意产品。产品（伞、手套等）、纪念品（面具、人偶等）设计自然淳朴，主题来源于故事的原型。日本佛教丰富禅宗，是日本节日创意产品的代表之一，由于其相关性和独特的艺术美学，消费者偏好雷蒙德灯、宝塔等文化价值。

和阿萨德清真寺的文化作品一样，东京国立博物馆也有文具、装饰品、吊坠、布料等艺术复制品和艺术衍生品。基于日本不同历史时期的艺术作品，原型在设计上保持了原汁原味，在技术和文化遗产上保持了日本文化的深厚特点。

近年来，随着我国对文化事业和文化产业的重视，文化创意产品的市场需求不断增加，文化创意产品的发展迅速。2017年，故宫创意产业实现了15亿元收入。

文化创意是一种发展方式，成功的根源在于结合良好的传统文化和充满活力的现代生活，从一开始就研发文化创意产品，满足消费者对公共多样性的需求。建设一个充满活力的文化创意产品博物馆，促进中国传统文化的传播，扩大博物馆自身文化的影响力，不能采用固定公式。但是，文化创意产品在日常生活中的发展方向是可以确定的。因为符合现代社会的消费心理，市场在长期竞争中有明确的社会需求。

第四节　博物馆文化创意产品开发的多元尝试

国家文物局发布通知，公布国家博物馆文化创意产品开发试点小组名单后，要求试点小组集中力量发展多元文化创意模式，鼓励建立专门的文化机构，通过合作、授权、自主发展等方式发展文化创意产品。这一要求决定了文化创意的发展方向。其中，合作发展成为博物馆文化创意发展的主要方向之一。尽管进行了合作，但由于储存条件、资金和设施的不同，取得的成果好坏参半。重庆中国三峡博物馆作为重庆市三个入选的其中之一，在政策的指导下，按照"博物馆+"共同开发文化创意产品，带动文化创意产业的发展。

一、博物馆+博物馆，包容性"文化+资源"

临时展览中的文化融合。重庆中国三峡博物馆整合了各种博物馆资源，开办了"大溪文化"原创展。展览展出了多年来的考古资料和重要考古发现。随着临时展览越来越受欢迎，在利用这些文化资源方面的合作越来越广泛。合作的主要目标是举办展览，丰富展览主题，是文化的融合和在民众中的传播。

目前，我国博物馆正逐步开始其创意文化产业。故宫博物院、南京博物馆、陕西历史博物馆等博物馆成为其他博物馆研究的对象。在重庆中国三峡博物馆，文化创意产品开发商也讨论了参观南京博物馆的学习体会，还共同讨论了发展、市场营销、管理机制、发展趋势等问题，分享与企业发展和生产有关的资源。同年，重庆三峡中国博物馆成立了文化创意博物馆，展出南京博物馆、中国国家博物馆、首都博物馆、陕西历史博物馆、山西博物院、浙江省博物馆六个文化创意博物馆。作为博物馆的平台，文化创意产品横跨各省，传播文化，拓展"恍惚"营销，实现社会效益和经济效益的双向发展。

此外，本着自愿联合的原则，重庆成立了创意产业联盟，共同建立、维护和拓展博物馆文化创意资源平台，目的是提高文化创意产业的研发、管理和服务水平，促进重庆市文化创意产业的可持续发展。

博物馆与博物馆的合作不仅是文化的融合、经验的交流，更是资源的共享。"博物馆+博物馆"的合作在某种程度上，以强弱发展联盟的形式，把大家带到了一个水平。但存在两个必然的问题：追求模式的统一性；资源共享导致产品同质化。因此，博物馆在积累经验和利用资源方面必须分析和利用自己的现实情况。

二、博物馆+高校，"文化+创意"的借智尝新

合作发展是找到合适的第三方，委托设计和创造文化创意产品。该模型消除了大多数博物馆设计和生产中的缺陷。重庆中国三峡博物馆首次与重庆师范大学美术学院合作，为"走进长江文明之大溪文化"开发了一批文化创意产品。

博物馆将为重庆师范大学美术学院这个项目的设计团队提供大溪的文字资料、文物图片。全队由专业教师带领，根据学生的专业和兴趣分为视觉设计和产品设计两组。一般来说，整个项目完全分为4个阶段。第一阶段以讲座、会议形式解读文物文字资料和图片，启发学生从中提炼设计要素和设计亮点。第二阶段，小组内的各专业学生画草图，专业教师每天集中阅读学生手稿，进行评价。第三阶段，将筛选出的设计图转换成电脑效果图，为重庆中国三峡博物馆提供从标识到产品的多个完整方案。第四阶段，根据重庆中国三峡博物馆专家团队对方案的评价意见，结合当地生产的实际需要修改，最终为博物馆提出了最佳方案。

重庆中国三峡博物馆与重庆师范大学美术学院合作开展"大溪文化展"项目，是高校为试验新思想而进行的一次大胆实验。智慧大学有三个优点：设计团队年轻，资源充足；有大胆的设计思维；思维具有系统性。首先，设计学院的师生一直走在年轻人设计的最前沿，他们可以更敏锐地捕捉和创造当下流行的文化，这正是文化创意市场逐步振兴的特点。同时，为设计专业学生的融合提供了足够的资源。其次，与熟悉市场规律的企业设计师相比，学生更勇于创新，以满足文化创意产品"创意"和"创新"的要求。最后，在专业设计教师的指导下，学生的思维设计和方法论是建立在"规律性"而不是"幻想性"的基础上的。大学优势突出，但也存在明显的不足，创意将是产品最大的挑战。第一，大学无法满足生产需求，博物馆必须找到自己的制造商。沟通需要博物馆去做，可能会影响设计。第二，由于制造商在技术、材料和博物馆方面的资金有限，有些结构无法制造。因此，我们不得不取消设计计划中的一些方案，或者更换现有的材料。

三、博物馆+企业，"文化+市场"

除了与大学合作，重庆三峡中国博物馆也与企业合作。"走进长江文明之大溪文化"文化展与湖北省某文化传媒公司合作，开发了30种文化创意产品，其中10种产品在重庆师范大学开发。关于与该企业的合作，可分为两种类型：一是设计；二是生产。

该公司为大溪文化展开发了20种文化创意产品，联合设计和生产。合作期为3个月，根据设计方案—试生产—量产—市场四个工序进行。在产品开发方面，重点放在市场上，试图覆盖更广泛的消费者群体，因此产品被列为中不同等级，为消费者提供了更广泛的选择。高等艺术品（10%）、中档专业手工制品（20%）主要群体是同时覆盖日常消费者中的学童，主要设计产品包括学习用品、玩具和餐具等。

同时，重庆中国三峡博物馆委托该企业对重庆师范大学设计的10个项目进行生产，不仅省去了找其他厂家的麻烦，还部分节省了资金。

企业与博物馆的合作是文化创意产品发展模式的核心内容之一。重庆中国三峡博物馆与湖北某文化传媒集团公司合作，是社会力量参与文化活动的典范，是推动博物馆文化创意走社会化道路的途径。该项目的主要优势是快速准确地与市场对接。企业知道如何实现经济效益，他们熟悉各种材料的应用、生产技术和营销规则。因此，企业设计者提出的设计方案是完全可以实现的。同时，企业还具有设计速度快、使用软件熟练、能够展示完整高效设计的优势。

与企业的合作也有一些缺点。首先，产品过于商业化，创意设计受到市场的限制。虽然设计师熟悉市场，但可能会增加产品下跌的可能性，过多的商业化会导致同质化。其次，产品文化性不够。博物馆文化创意产品的发展必须始终具有文化意义，否则，它们与普通商品没有区别。由于员工短缺，企业无法将全部精力用于项目开发。因此，对文化古迹和文化遗产的深入挖掘是不够的。

重庆中国三峡博物馆开展了"博物馆+"合作开发文化创意产品的实践探索，通过与博物馆联系、高等院校学习、与企业创作等，优化文化创意、市场创新等，取得明显成效。这是"博物馆+"模式面临的困境。

四、对"博物馆+"模式的新思考

首先，博物馆必须在文化的基础上与文化相关的源头合作，创造性地以成功为目标，引导合作社开发文化创意产品。

博物馆作为文化的教育公共服务机构，在展示人类文明、促进文化交流、满足人民精神文化需求、提高社会文化质量等方面发挥着重要作用。文化的传播，连同各种展览，反映在文化创意产品的经济效益上。

掌握博物馆的文化创意产品是对新时代传统文明的改造。文化是基础，创造力是核心，这一切都是转型的必要条件。然而，在这个过程中，文化的根源往往会受到"失去"的威胁。这就要求博物馆要研究文化的起源，深入研究文化，在民众中精心传播文化价值观和背后的历史。合作要站在前列，引导集体开发文化创意产品，不为利益服从合作伙伴。

博物馆要开辟更广阔的合作平台，开展更多元化的合作，开辟更多形式的合作伙伴关系，发展更深入、更广泛、更好的合作。

博物馆文化和艺术作品的发展面临着人力、财力和其他资源的短缺。因此，开放更广泛的合作平台和多元化的跨境合作，是培养文化创造力的重要手段。

"产业+"博物馆不能只与一个团队合作，不能只与一个行业合作。要把博物馆创意文化产品的开发范围扩大到工业、科技、教育、服务等行业，打造创新设计、产品制造、商业销售的民族文化创新产业。在博物馆举办文化活动是鼓励所有人创造性地开展文化活动的一种方式。不过，博物馆的文化创意活动不应只限于收集创意产品，而应包括服务、经验、教育"产品"，以及与文化创意活动、市场推广计划等有关的活动。

下一个是"品牌"，让IP通过使用品牌的力量生存。然而，并非所有博物馆都能做到这一点。地方博物馆可以利用地方文化、地方特色、地方品牌，相互配合，让IP活起来，让产品热起来。最后，需要更广泛、更深入、更有效的合作。不仅在文化创意产品的开发层面，博物馆学领域也逐渐形成深入系统的研究。

项目内外跨境合作，着眼未来发展趋势，培养优秀复合型人才，实现"双赢"。博物馆设立了"互动创新平台"，既是文化发展的平台，也是汇聚优秀人才的平台。参与的行业应该看到未来的趋势。从博物馆、高校、企业的角度，可以看出未来人才和产业发展的方向。重庆中国三峡博物馆建立的"学校—企业"平台就是一个很好的例子。

首先，博物馆不仅要吸引人才，还要培养人才。吸引人才是博物馆自身文化创造性发展的短板，人才培养是博物馆文化创意专业人员的长期贡献。因此，除了项目合作，博物馆还可以建立教育基地、文化创意训练营等。

其次，大学不仅要培养人才，还要输出人才。一是高校人才培养要以综合性、应用性、实践性发展为目标，以工程为契机，以创新为主要目标，优化提升专业分工、教学方法和课程设计。二是，大学必须输出高技能人才，填补文化创意领域的空白。

最后，企业不仅要跟随市场，还要突破市场。只有遵循市场规律，坚持时尚潮流，确定消费者群体，才能有机会利用文化创意产品，增加销售量。相比之下，更难的是突破市场，打破"同质化"的标签。博物馆文化创意必须具有不同的文化特色、创意和应用功能，要从中国制造到中国知识创造。

综上所述，合作发展模式被广泛应用于博物馆文化创意的发展中，作为文化产业发展的加速器。与时俱进，必须在"博物馆+"的基础上，不断创新合作形式，在政治、金融等领域凝聚力量，开辟合作之路。博物馆不仅要成为文化创意发展的先行者，更要带动文化创意产业的发展。

第五节　博物馆文化创意产品设计的创意理念

博物馆文化创意产品有四个主要特点，其产品的主要载体不仅是物质产品，也是人们可接受和获得的产品。同时，博物馆也是传播文化的一种方式。它可以让人们了解产品背后的文化价值，更好地反映博物馆文化的基础，为人们的教育和学习作出贡献。同时，可以使博物馆更贴近广大人民群众，从而进一步扩大博物馆的社会影响力。

一、博物馆文化创意产品开发设计的原则

（一）重视日常美学的整合

现在博物馆的很多产品只重视收藏价值，产品造型比较单调，严重降低了产品的使用价值和审美价值。消费者购买后，往往会浪费这些产品，大大限

制了博物馆文化产品的研发。因此，在产品开发和设计的过程中，我们必须注意日常美学的融合，在人们能够接受的范围内，用更加多样化的方法来实现创新。例如，台北故宫博物院推出创意产品"朕知道了"胶带，由于使用康熙皇帝的御笔，从而可以体验传统的宫廷文化。

（二）传播独特的文化

博物馆文化不仅可以传播馆藏文化的文化特色，还可以传播一个国家、一个地区、一个民族的文化。传播文化最重要的手段之一就是利用博物馆的文化创意产品，这不仅可以传播整个博物馆的文化内涵，而且可以满足社会大众的文化消费需求。

（三）塑造品牌个性

博物馆的文化创意产品很特别。在开发设计过程中，不仅要考虑当地的市场条件，还要考虑当地的文化特色，打造新的品牌，这有利于品牌的进一步开发和建设。现在，博物馆面向市场，应不断改变博物馆的管理模式，积极学习系统的商品品牌理论，充分利用当地独特的文化资源，开发设计文化创意产品，制定合理有效的品牌推广策略，为博物馆打造个性化品牌。

（四）优化消费者体验

博物馆文化创意产品要满足消费者的需求，为他们提供高质量的体验，最大限度地发挥文化创意产品的价值，为消费者提供良好的服务。因此，博物馆文化创意产品的开发需要有针对性的方法，要考虑到消费者的文化特点、年龄、职业和性别。因此，在设计和开发产品时，必须考虑到这些消费者的心理，以便他们在购买自己喜欢的产品时能获得更好的娱乐知识和体验。

二、博物馆文化创意产品开发设计的创意思路

（一）更新发展理念和创新管理模式

首先，博物馆必须认识到发展和更新的重要性，积极探索先进的发展理念，参考发达国家的管理模式，利用博物馆的多种资源，实现创意产品的最大价值，不断创新和完善管理模式，始终坚持第一、第二社会效益原则，确保博物馆资源焕发出新的生机和活力。其次，积极寻求社会帮助，解决文化创意产

品开发资金不足的问题，保证产品设计稳定发展。

（二）注重政策指导，完善立法法规

创意经济政策可以刺激文化创意产业的蓬勃发展。因此，为使博物馆能持续发展文化创意产品的设计，需要制定更具科学性、全面及长远的发展策略首先，有关部门要及时制定博物馆资源商品化政策和规划，为博物馆文化创意产品的开发提供必要的支持。其次，博物馆需要对文化创意产品的开发设计及其融入博物馆管理体系给予应有的重视。同时，可以建立完善的文化创意产品开发机制，还要最大限度地提高员工的积极性和积极性。最后，政府有关部门也须不断完善相关政策，为发展文化创意产品创造有利的气氛和环境。

（三）能力建设

大量博物馆人才的短缺严重制约了文化创意产品的开发。因此，博物馆需要积极吸引专家，注意人才的形成。同时，要特别重视人力资源的开发及技能、适应能力等方面的培训。此外，博物馆可以跨部门发展文化创意产品，这对文化产品的创新发展有非常有利的影响。

总体来说，博物馆在发展文化创意产品的过程中，需要改变传统的发展思路，积极探索先进的发展理念和经营模式，有关部门应加快完善相关法律法规，为产品开发创造高质量的外部环境。同时，博物馆需要注意吸引专业人才，加强培训，并在可能的情况下，在博物馆发挥积极作用。

第六章　博物馆多元化文创产品的创新开发

第一节　博物馆文化创意产品设计的创新思路

根据我国博物馆文化创意产品的实际发展情况，其特点包括创新性、传播性、独特性和特异性四大方面。有关人士在博物馆开发文化创意产品时明确，应注意物质产品是文化的主要载体，这就暗示了人们的创新能力。有必要确保所开发的文化创意产品能够被接受，有助于更好地了解这些产品背后的文化故事，有助于提高博物馆在公共教育中的作用。本节探讨创新理念在博物馆文化创意产品设计中的原则和策略。

一、博物馆文化创意产品开发设计的创新原则

（一）重视将日常美学融入文化创意产品发展

目前，一些博物馆有复制藏品的倾向，导致文化创意产品过于单一、缺乏新意，成本大幅降低。同时，文化创意产品本身的美学也不能有效。消费者在购买这类文化创意产品时，往往不能善用。因此，对文化创意的博物馆作品的掌握和发展存在一定的限制。

（二）独特文化的传播

众所周知，博物馆的文化有效地反映了藏品的文化特征。此外，博物馆应特别注意传播民族、地区和民族文化。在这个过程中，博物馆可以通过开发文化创意产品来体现博物馆的文化内容，从而充分感受博物馆的文化价值。

（三）品牌个性的塑造

在众多的文化创意产品中，由于博物馆文化创意产品的特殊性，设计师

不仅要充分考虑当前的市场形势，还要有效地结合当地特色，最终打造出与博物馆特色相适应的新品牌，为后续文化创新的发展和传播奠定基础。在此过程中，值得一提的是，博物馆要借助文化创意产品进入市场，需要充分了解和研究品牌的市场理念，才能根据品牌自身的发展制定营销策略，使品牌文化创意产品个性化发展。

二、博物馆文化创意产品开发设计的创新策略

博物馆文化创意产品作为中国新时代文化传播的一种方式，通过使观众和博物馆更加紧密地联系在一起，以全新的形式发挥了博物馆自身的教育功能，使观众充分感受到其独特的文化魅力。目前，在我国日益复杂的经济市场上，博物馆文化创意产品要想长期健康发展，就需要不断更新产品设计。

（一）更新文化创意产品发展理念，创新文化产品管理

相关设计师在设计博物馆文化创意时，需要不断创新理念和技术，积极借鉴国外多个发达国家的管理模式，利用博物馆自身的优质资源，提升文化创意产品的价值。此外，有关当局也应不断改善管理方法，使博物馆文化创意产品在社会效益和经济效益原则的基础上，在发展过程中不断获得动力。同时，要学会运用社会力量解决文化创意产品开发资金不足的问题，从而促进产品设计的高效可持续发展。

（二）注重政策指导，完善相关法律法规

众所周知，有效的经济政策能够有效地促进文化创意产品的可持续发展。在此基础上，为促进文化创意产品的稳定发展，博物馆需要制定完善的发展策略。在这个过程中，首先，有关当局必须根据现时的市场情况和博物馆文化创意的发展，完善相关政策，确保文化创意产品的发展。其次，在博物馆的运营和发展过程中，必须特别注意文化创意产品的设计和开发。可以建立完善的产品开发机制，提高设计师的积极性，为文化创意产品的开发营造良好的工作氛围。

（三）文化创意产品的创新博物馆形式

就产品而言，它们是由某些结构和材料组成的。目前我国产品的主要生

产方式主要分为工业设计和手工设计，工业设计包含了很多元素。博物馆要想在多种产品的经济市场中占有一席之地，就必须充分考虑消费者购买的经验，主要从生活美学的角度出发，在人们的生活中发展博物馆文化创意产品。目前，我国有多种与创意生活、体验和收藏相关的文化创意产品。在许多类型中，想要创新博物馆的文化创意产品，可以采用消费者参与的方式，让博物馆文化创意产品不再坚持固定模式，通过消费文化创意产品，帮助人们"实现自我"。举例来说，博物馆可以利用以文化经验为基础的文化创意产品，让人们在自己身上感受到产品的创意设计，将自己的设计转化为真正的文化创意产品，以增加对文化创意产品的兴趣，为博物馆文化创意的进一步发展奠定基础。

（四）加强人力资源能力

目前，我国博物馆文化创意产品的设计现实中，人才匮乏，导致博物馆文化产品创新设计受到严重制约。在此基础上，博物馆应积极吸纳专业人才，建立引进合理人才的机制。同时，要注意定期培养自己的创意文化集体，提高设计师的创意能力和专业水平。博物馆也可充分利用资源，跨部门发展文化创意产品，为设计发展注入新动力，激发文化创意产品的创新发展。

综上所述，当前我国文化创意产业发展迅速，相关设计师在设计博物馆文化创意时，需要不断创新思路，创新产品设计，才能实现长期发展。同时，充分利用博物馆的公共教育功能，使人们充分认识中华文化的魅力。

第二节　遗址类博物馆文创产品的创新设计思路

随着社会的发展，人们对文化的要求越来越高。我国有许多博物馆保存了历史古迹，遗址类博物馆是保护伟大纪念碑的典型类型，保护区内有陈列和推广考古文化价值的博物馆，如兵马俑秦始皇博物馆等。

一、博物馆文化创意产品开发设计的意义

遗址类博物馆是一种文化保护。随着时代的发展和社会教育的需要，博物馆从一个以陈列为主的宝库发展成为一个向公众开放的博物馆。博物馆的研究功能和藏品的展示是博物馆具有历史意义的主要功能。中国是一个古老的国家，博物馆可以保存和传递一些文化，特别是通常建在纪念碑旁边的遗址类博物馆。当人们站在博物馆的入口处时，有一种感觉，时间和时间都回到了那个时候。博物馆文化创意产品是一种具有丰富精神内容的博物馆文化商品，是通过开发营销和利用自身资源、提高自身利润来发展博物馆文化的重要载体，是实现文化融合的关键环节。

一是促进博物馆文化的发展。我国著名的博物馆有很多，但是要想知道某个博物馆的性质及如何记住它，就需要博物馆创造一个标签，那就是品牌。比如秦始皇兵马俑博物馆，人们一提到兵马俑，就可以想到它，这是品牌的力量。博物馆文化创意产品可以将博物馆的文化特色融入文化创意产品中，增强参观者对博物馆文化的认知，使参观者对博物馆文化有更深的了解。此外，各类文化创意产品也可存放于博物馆内，作为见证博物馆与不同时代碰撞的捷径。

二是有利于博物馆自身增收、实现经济效益和社会效益的双赢。博物馆是一个非营利组织，其经费主要依靠政府和社会的支持。博物馆的发展受到博物馆日常开支、保存文物、保护设施及展览策划不足的限制。免费博物馆的数量相对较少，博物馆的压力相对较大。博物馆的文化创意产品管理，可以帮助博物馆减轻一些经济困难，提供一个赚取利润的渠道，促进博物馆文化的传播，可以说是经济效益与文化效益的理想结合。

三是促进文化的传播和发展。博物馆的展览是探索和掌握丰富文化的过程，它的许多藏品对文化研究至关重要。人们要想了解历史文化，只需要观察历史古迹的研究，这是一个丰富文化的传递过程。博物馆的文化创意产品丰富了博物馆的文化特色及其地域文化特色，同时也是文化遗产的一种形式。

二、遗址类博物馆文化创意产品开发设计的问题

（一）缺乏文化符号，缺乏创意解决方案，产品高度同质化

遗址类博物馆是一个具有丰富文化成分的机构。博物馆艺术作品必须具有独特的性质或地域性，不同于其他国家的博物馆，具有独特的文化符号。文化创意产品不仅是一种商品，也是一种文化品牌。21世纪是一个重视个性的时代，所以人们更喜欢有个性、文化、创意的小品牌，这就要求博物馆不仅要深入分析博物馆的文化及其馆藏，还要挖掘文化特色。博物馆的文化创意产品不仅要体现博物馆的特色，更要体现博物馆文化的传承。文化创意产品可能在未来成为遗址类博物馆的另一座历史古迹。同时，还庆最大限度地发挥文化价值，避免同质化降低文化创意产品的价值。

（二）市场定位模糊，实用性低

在文化创意产品的开发过程中，必须进行市场研究，了解市场需求。对于消费能力低的游客，要有专门的销售渠道，也要注意价格导向，瞄准喜欢买纪念品的游客、喜欢文化创意产品的年轻人等消费者群体。文化创意产品的另一个问题是它的低实用性，它没有激发消费者的消费欲望。遗址类博物馆也属于旅游景点，但我国旅游区普遍存在的一个最严重的问题是，旅游区所有商品的价格都很高，且几乎没有实用价值，这给游客留下了特别不好的印象。因此，在设计文化创意产品时，可以强调提高文化创意产品的效用，从而获得消费者的喜爱。

（三）文化功能和知识产权

博物馆文化创意产品高度同质化的重要原因之一是对文化创意商品知识产权保护的重视不够。目前，只有少数遗址类博物馆对文化创意产品的知识产权提供保护，而在遗址类博物馆中，在文化创意产品之间往往会出现商标权和专利权被授予的情况。在精神经济时代，博物馆必须自行负责管理自主知识产权，聘请法律顾问，将知识产权管理职能外包，或成立专门的知识产权机构。这不仅加剧了遗产博物馆文化创意产品的同质化，也对其文化创新提出了挑战。特别令人遗憾的是，常规普查剥夺了他们自主创新的能力。在文化博物馆

方面，打击非法侵占创意文化作品的斗争决不能停止。提高工作素质，增加侵犯他人权利的成本，是防止他人侵犯知识产权的有效方法。

（四）管理不善，缺乏社会影响力

除了市场，销售我们的产品还需要考虑管理问题，即宣传、营销和售后服务。目前，经营管理存在一系列问题：文化创意产品展示不力；文化创意产品广告缺失，宣传方式单一；在文化创意产品博物馆，展览版面死板，橱窗设计没有创意，无法激起观众留下来购买的欲望；对服务漠不关心；等等。遗址类博物馆是一个拥有丰富文化遗产的机构其文化创意产品的实现与文化效益和经济效益相结合。因此，在宣传过程中，要注意不要干扰遗址类博物馆的正常发展，也可以利用互联网进行营销，同时要注重售后服务，并提高员工的服务意识。

三、遗址类博物馆文化创意产品创新设计的策略

（一）优化产品设计

设计是博物馆文化创意产品发展中最重要的环节。良好的设计不仅会带来商品的良好外观，而且会使博物馆文化与商品融为一体。优化博物馆产品设计首先注重创新，这就要求博物馆加强设计人才的培养和保护，使专业设计师做出精致而富有创意的设计。现在是注重文化竞争的时候，人才是第一生产力。文化创意产品的创新主要取决于人才的能力。目前，博物馆文化产品开发中最困难的问题之一，是博物馆熟悉文物的工作人员缺乏设计经验，博物馆也缺乏专门的设计师。然而，如果将产品开发任务交给了一个特别负责的团队，那么就必须支付相当高的设计费用。因此，博物馆需要重视培养文化创意产品的设计师，加强激励和沟通，吸引设计师到博物馆工作。此外，还可充分利用专业院校及其学生艺术创意的创意智慧，每年在全市范围内举办文化创意比赛，发掘优秀的文化创意工作者，提高文化创意的发展水平，不断创新文化创意产品设计。

保护和利用文化创意产品很重要。博物馆文化创意产品，广告题词"带博物馆回家"，意味着文化创意产品具有重要的纪念意义、文化饱和度，与

博物馆文化息息相关。不过，在产品设计上，博物馆内展示的博物馆建筑或藏品被删减，并以文化创意产品的形式印刷，这在消费者眼中，只是一种肤浅的做法，不能有效地扩展文化符号的内容和应用，导致资源的浪费。一些博物馆对其藏品的价值没有深入的研究，只是简单地模仿，没有足够生动的特征。此外，现时文化创意产品的种类极少，一般是一些明信片、书签、打火机、扇子等。除开发具有文化价值的资源外，更强调开发可能关系到人们现实生活的文化资源。将文化创意产品融入生活，注重实用性和趣味性，以及文化内容，让原本无法接触的东西变得平易近人，让传统文化传播开来。在设计文化创意产品时，必须将其融入博物馆文化和地方文化，避免文化创意产品急剧同质化。例如，消费者为年轻艺术家、普通参观者、博物馆研究人员、学生和收藏家消费不同类型的文化创意产品，这些产品的特点是与众不同，满足不同群体的需求，具有个性化的形式。

（二）以保护知识产权为重点的艺术许可

博物馆艺术权利和品牌权威相结合，内容包括数码影像资源、博物馆邮票等，具体包括形象授权、品牌授权、出版物授权。随着社会的发展和人民生活水平的提高，越来越多的人开始寻找艺术文化的精神需求。随着文化竞争压力的加大，知识产权保护越来越重要。博物馆文化创意产品是具有丰富文化特色的商品，需要更加重视知识产权，在不断完善知识产权保护的基础上，激发博物馆艺术任务的圆满完成。在艺术授权时代，文化创意产品的开发更加合法，消除了文化创意产品发展的障碍，促进了博物馆文化生产价值的提高和博物馆文化的传播。

（三）网络营销平台

宣传有助于更多人了解产品，只有具备最基本的了解，才有购买的欲望。产品营销一直是市场的关键，对于博物馆的文化创意产品，首先要开放市场，让更多人了解博物馆的文化创意产品背后的故事，并引起消费者的关注。目前，销售渠道众多，但效果不尽相同。当前，在智能互联网时代，网民整体规模持续稳定增长。因此，在营销宣传过程中，可以充分利用网络平台的能力，覆盖本地区的广大受众。此外，也可以透过互联网安排有关产品设计过程的短片，在博物馆内电视播放，唤起消费者对文化创意产品背后故事的关注，并唤起他们购买的欲望。

（四）加强业务管理

从管理体制的角度来看，管理体制需要加强和完善。完善的系统保证了工作的顺利进行。目前，作为产品的设计研究、创新开发和营销服务都在管理体系内。博物馆是一个缺乏商业商品管理经验的非营利组织。从操作角度看，主要是产品的营销手段和售后服务。目前网络非常发达，无论是广播、电视、报纸还是网站，都有不同的销售渠道，每一个都有自己的营销特色。基于网络平台的营销是一种方便、快捷、高效的营销方式。营销也可以通过针对不同群体的多层次营销计划来实现：年轻艺术家更喜欢产品的文化背景，普通游客可能更关心产品的纪念意义，老年游客更关心产品的实用性，孩子更关心产品的味道，等等。我们可以根据市场研究对每个群体进行研究，开发产品并进行有针对性的宣传工作。

此外，为了确保宣传活动的高质量，必须注意有效的受众。售后服务更加强调服务态度。博物馆是一个丰富的文化基地，对所有人开放，但并不是每个人都有足够的资金购买喜爱的产品，这就要求服务人员在营销和售后服务方面要有耐心的态度，平等对待所有顾客。

现代博物馆文化创意产品的发展仍处于起步阶段，在许多方面都存在不足，需要进一步完善和适应。本节从遗址类博物馆新的文化创意产品的发展角度分析了博物馆文化创意的现状，并对其发展提出了建议。博物馆创新发展文化创意产品有利于博物馆文化的传播、知识产权的保护、文化创新的发展和博物馆文化创意产业的发展，因此必须重视文化创意产品的设计和营销。现在是文化竞争的时代，发展博物馆创意文化产品的创新，不仅有利于实现博物馆的经济文化效益，也有利于增强文化自信，有利于发扬中华传统文化，有利于发扬优秀文化，促进社会、经济、文化的和谐发展。

第三节　非国有博物馆文创产品的创新与创意设计

非国有博物馆是博物馆的重要补充，也是将人类的过去、现在和未来联系起来，为人类文明发展提供机遇的文化珍品的聚集和展示场所。随着现代社会的发展和改革，非国家博物馆的数量也在增加。与国家博物馆一样，这些博物馆发挥收藏、研究、展览、教育的作用，满足人民购买精神文化物品的需要。当前，博物馆文化作品的发展正成为非国家博物馆发展的一个越来越重要的课题。在博物馆的运营中，创造性文化产品的开发得到了更广泛的发展，必须迎难而上，勇于创新。

一、当前我国非国有博物馆文化创意产品开发创新面临的问题

目前许多博物馆都有兴趣开发文化创意产品，但调查发现，除北京、台北等知名博物馆成为"网络名人"外，博物馆都不尽如人意，部分博物馆一度关闭。一些社会经济指标相对较好的省级博物馆并不觉得自己处于良好状态，但其他地方博物馆总体上并不理想。通过分析，我们找出了当地博物馆销售文化创意产品不力的若干原因。

首先，有些项目原本是资本投资，但市场回报不明朗，因此博物馆投资较为审慎。有些项目投入了大量开发资金，但销售情况并不清楚。其次，文化创意产品缺乏丰富的内容，彼此相似。博物馆可以购买的产品通常在旅游或其他购物商店出售。在此基础上，不能只注重发展而忽视创新。

文化古迹主要是旅游古迹。这种产品的开发并不是与市场紧密相连的，也不以市场为导向，而以"新鲜感"为导向。专家认为，正在开发的产品具有创新性，但市场上的消费者并不购买。此外，产品开发还涉及其他问题，如利润分配影响开发商的动机、产品单一的销售渠道等。鉴于上述情况，特别是在产品内容方面，可以扩大合作社部门的范围，而不必考虑出售。

二、非国有博物馆文化创意产品开发和创新设计的有效措施

成立专业创意团体。博物馆必须以满足消费者的文化需求为目标，一切工作都必须从消费者的利益出发。有针对性地、有计划地发展文化创意产品；形成具有创造精神和创造潜力的创意集体。博物馆的创意团队将藏品的特点与艺术相结合，促进文化创意产品的发展。通过公共需求研究人们的生活和人们的日常需求，开发实用的产品。例如，钱包、枕头、鞋子等文化创意产品的特定图案设计可以给观众一种新的感觉。同时，在产品研究的基础上，所有的文物收藏都包含了体现过去工匠精神的历史资料，其中不乏精致。通过对这些集合的分析，可以提取出多种图案。支持文化创意的研发，将创意融入文化创意产品，而不仅仅是复制。

提高文化创意产品水平。博物馆与文化活动密切相关，突出博物馆的特色，组织展览。在展览之前，有必要开发符合展览主题的文化创意产品。从受众需求出发，通过合作自主研发，开发文化创意产品，创造良好的经济社会效益。通过举办与博物馆藏品有关的手工业设计比赛，越来越多的人参与这项活动，为确保文化创意产品的活力作出贡献。在创意文化作品的大量生产中，必须特别注意质量，因为它们不是普通商品，而是进入市场的"博物馆"，因此必须具有高质量。

为文化创意产品的大规模生产创造条件，与企业合作，建立以双赢、共荣为原则的综合产业链。

改善贸易条件。目前，在大多数博物馆，文化创意工作坊的顾客体验较低，影响工作效率。考虑到参观者印象的完整性，除一些特殊情况外，文创品店在游览结束时，观众往往只想尽快退出休息。因此，改变文创品店的位置将有助于调动消费者的欲望。调查显示，部分商铺仍有大量的外包货品，与博物馆的联系较少，而且似乎没有档次，给人一种"大杂烩"的感觉。

博物馆作为连接人类过去、现在和未来的纪念碑的聚集和展示场所，是人类文明发展的窗口。目前，博物馆文化产品及相关创意文化产业的发展正成为现代博物馆越来越时髦的话题。博物馆的活动越来越重视文化创意产品的发

展。博物馆建立文化创意产品是拓展教育功能、提高服务效率的重要手段。发现非公有制博物馆文化创意古迹设计与创新设计中常见的问题，防范或试图克服是新时代的经营策略。将藏品内容纳入文化创意产品设计，不仅表现在设计方案上，也表现在创新思维上。借鉴北京故宫博物院、台北故宫博物院、杭州博物馆的成功经验，结合奇特的地理、收藏特色，开发适合自身发展的文化创意产品，是非国有博物馆经营发展的关键。

第四节 "互联网+"博物馆文创产品的创新实践

一、"互联网+"背景下博物馆文创设计趋势

自行动计划制订，"互联网+"已渗透到各个部门，发展迅速。通过创造性的文化设计，可以促进文化创意产品的创新设计和发展。通过新的媒体，可以更便捷地了解博物馆信息，利用创造性文化的互动体验，更生动地了解博物馆有价值的历史文化。因此，博物馆文化创意结构呈现以下趋势。

（一）互动分享

2019年初在三星堆博物馆和金沙的考古遗址博物馆联合启动了一个以"文明复兴"为主题的H5方案，并在微博和微信等移动媒体上广泛传播。通过3D建模、繁华的三星铜制面罩回收、陶瓷鼎形炊具和金饰等展示技术。整个交互过程允许用户选择要恢复的对象，使用滑动屏幕通过3D动画模拟整个恢复过程。需要注意的是，在实验过程中，用户将比较当前和实际恢复时间。与这个时代不同的是，我们可以生动地感受到文物修复者要引起人们对其修复的关注，提高人们对文物保护的意识。互动结束后，用户还可以获得有限数量的博物馆门票，让人们真正感受到几千年后文化财产的历史和文化背景。让这类创意文化材料得以传播和吸引如此广泛的受众的一个因素是数字媒体和创意文化产品的融合。

（二）平台联盟

近年来，故宫的文化创意发展迅速，其中，最受关注的是故宫出版社联

合神秘之家出版的《迷宫·如意琳琅图籍》，这是故宫出品的第一本原创解密互动图书，通过广受欢迎的众筹平台独家发售。迷宫是书、解锁工具和应用程序的组合，人们可以获得完整的互动阅读体验。通过这本书，人们不仅会享受破译，还会获得故宫历史的知识。尽管书中的故事是虚构的，但它们又是真实的，并通过历史和文化知识记录下来，这些知识被传递给读者。完成网上任务后，读者可以亲自参观故宫博物院，参观并解除其隐性任务，从虚构世界走向真实生活，让读者亲身感受历史。故宫开拓性地尝试开辟了文化创意产品的新方向。

（三）品牌援助

目前，跨境品牌已成为最有效的品牌推广和销售方式之一，各大博物馆在跨境品牌领域开展了大量工作。2018年春节，中国国家博物馆和肯塔基州在全国18个城市开设了"线下博物馆"。17件国宝珍藏被整合到餐厅各种主题的设计中，从视觉到内容，都体现出国宝背后深厚的文化背景。借助新技术，消费者可以在线与国宝沟通，与国宝对话零距离。2019年，在"天猫"超级品牌日，故宫博物院和奥利奥联合发布了数量有限的标有"宫廷御点·中华六味"的点心礼盒。所有的海报甚至包装插图都符合故宫博物院的建筑特色及其著名的文化价值。中国风的内饰、帝王色调的语调、产品名称的介绍，充满了经典的韵律，呈现出高亢的宫殿风格。这项跨界合作清楚显示，目前中华文化的核心是由传统向创新转变，通过活泼有趣的创意表达，对中华传统文化有更深入的了解，从而在世界各地传播中华文化。

二、"互联网+"背景下博物馆文化创意设计的创新突破

（一）利用新媒体，整合资源

"互联网+"的出现，拓宽了博物馆文化创意产品的发展路径，为文化创意产品的发展带来了新的机遇和挑战。如何更好地利用"互联网+"加快文化创意产业的发展，是文化创意产品设计中的一个迫切需要解决问题。博物馆本身无法满足各种各样的消费需求。博物馆要克服文化创意产品设计的局限，需要广泛寻求合作途径，利用新媒体，开拓新视野，促进跨国界合作和文化创意

产业深度融合，互联互通，共同发展。目前，移动互联网已覆盖各个领域，移动电话终端正成为传播博物馆文化信息的最有效手段之一。App和H5都以其不同的交互形式得到用户的支持，并且由于其强大的通信潜力和人气而拥有广泛的受众。将文化资源与移动媒体相结合，优化资源配置，做到一加一大于二。目前正在努力创造不同于传统文化的新的情感环境。

（二）融合新技术，丰富产品

在数字技术飞速发展的今天，传统的文化创意产品虽然具有审美文化特征，但缺乏创新的内容。大多数文化创意产品仍以商业化为导向，关联性对产品很重要，但内容也是文化创意产品的重要组成部分，也是最能体现文化附加价值的重要组成部分。因此，改变现状需要在文化创意产品中引入新的技术，在这些产品中，文化特征和文化古迹的历史以新的方式，以及在形式上对其功能进行审美改造。可采用3D或VR技术和移动设备，实现文化创意产品从2D向3D的转变。例如，通过移动终端虚拟视频技术的结合，可以丰富平面文化创意产品，丰富其设计形式和产品内容，摆脱单一风格固有的局限，让文化创意产品"活"下去，既增加了有趣的互动，又增加了产品的使用，赋予文化创意产品新的活力。

（三）吸引新人才，形成创造性多元化

目前，随着消费者需求的日益多样化，创意文化工作者的压力急剧增加。面对单一的文化创意产品，人们经历了审美疲劳。创造性文化创意的发展却受到实践性低、品位低、缺乏互动性的制约。因此，必须转变观念，广泛吸纳新人才，凝聚各方面力量，特别是激发市民的创意思维，让大家参与博物馆文化创意产品的发展。我们可以把互联网作为开展创意文化创意竞赛的平台，通过微博、微信、官网等社会平台，通过社会大众的交流互动，促进信息的交流和传播，收集最佳创意，并了解消费者需求，从而提高文化创意产品的创新设计水平。

以"互联网+"为背景，文化创意产品设计走出了传统设计的桎梏，开启了新的设计形式。它不仅扩大了分销渠道，而且大大丰富了产品内容，通过跨境整合，充分满足了当前消费市场的需求。在新的发展时期，博物馆的创意文化设计应充分发挥"互联网+"的优势，有效开展公众与博物馆的互动，培养

更深层次的文化知识和开发有趣的互动文化创意产品，激发博物馆文化创意的创新发展。

三、"互联网+"背景下文化创意产品的设计方向

（一）引入文化内容，改变设计形式

文化创意的独特性在于产品的情感设计。在购买文化创意产品时，消费者得到的不仅仅是商品，还有历史意义和独特感受。博物馆历史悠久，要充分利用文化价值的文化成分，使其成为物质需求和精神需求相结合的文化载体，使其代表文化，表明对文化的态度。

在互联网的支持下，基于已出版和可复制产品的文化创意产品开发了游戏、历史人物漫画、App开发等计算机系统。

比如北京故宫博物院充分利用互联网技术，建立了故宫淘宝网店，在解决了简单的文物仿制问题后，创造性地设计了手机壳、便捷贴纸、帆布包等贴近生活的日常生活用品，方便、实用和有意义。广为人知且容易获得的网络游戏也是文化创造力的有效表达。例如，大英博物馆在其网站上设立了一个"游戏"栏目，轻松有趣地激发了人们对博物馆资源的兴趣，让人们更好地了解博物馆背后的历史知识。

（二）多学科合作共谋发展

文化创意产品要开放，积极融入其他行业，开拓新的机遇，激励文化创意产品的发展。

浦发银行发行了一系列以《富春山居图》为主题的信用卡，图案精美独特。他们不仅展示富春江畔美景，还通过AR技术让用户亲身感受到富春江的美景。上海紫罗兰银行传统文化主题的信用卡不仅体现了中华传统文化，而且采用了AR高科技，是互联网和传统文化成功融入文化创意产品的典范。可以说，"互联网+"使世界成为一个相互联系的整体，不同的品牌和领域可以结合在一起，为文化创意产品提供了广阔的空间。

（三）注重用户体验，设计多元化

文化创造体验是在产品与消费者之间架起桥梁，让消费者了解文化创意

产品背后的开发理念，并通过互动让用户参与产品开发的适当途径。换言之，人与产品的有效联系是文化创造体验的核心。

1. 多元文化体验的形成

与静态的文化展示不同，文化体验需要从感觉和行为中吸收。文化创意产品设计要结合视觉、听觉、嗅觉等方面的感官感受，不仅要从外观上，还要从设计、色彩、功能上传达产品思想，使文化创意产品从一个平面走向多要素、多成分的传播。

2. 发展互动文化体验

互动文化体验是让消费者参与文化创意产品的创意过程，让他们表达自己的感受，满足自己的需求。在现代文化创意产品的设计过程中，消费者不仅是被动的接受者，更是将自己的情感融入文化创意产品、参与创造独特文化创意产品的积极倡导者。在作品制作过程中，消费者逐渐与文化创意产品建立互动、感知、接受和交流，并最终理解收藏的文化内容。

四、"互联网+"环境下文化创意产品的推广方式

（一）互联网营销

移动互联网不仅是一种文化创造手段，而且提供了无地域限制的信息流。通过互联网，所有地区的消费者都得到了整合。消费者可以通过手机或电脑自由选择自己喜爱的文化创意产品，并通过互联网购买。文化创意产品也可以通过建立网络运营平台、引入流量、精确营销和产品分销来实现。

网络营销可以在博物馆内建立文化创意产品用户社区，从消费者的角度对文化创意产品进行营销，使创意产品文化更具影响力、可接受性和传播性，借助微博、微信、App等社交媒体平台，可以根据博物馆及其文化创意产品创意主题，促进广泛的意见交流和讨论。

透过互联网，我们可以积极举办体育及创意的展览及巡回展览及文化价值及创意产品的交流。通过网络营销，可以让消费者在实践中更多地获得产品，从而感受到文化创意产品的多功能性及其文化渊源。

（二）从单一产品过渡到产业链

在更广泛的"互联网+"背景下，文化创意产品的开发不仅是设计师可以做的一项独立工作，也是通过多边合作创造的产业链。文化创意产品也成为微博、微信、App等多元文化娱乐产业融合的产物。

（三）宏观发展方向

必须从宏观层面确定"互联网+"背景下文化创意产品的发展方向，对消费者体验、设计模式、服务态度等进行广泛的市场研究，掌握消费者的消费心理，传播多样化的文化。

"互联网+"项目带来了文化创意产品传播方式的创新变革，将设计师了解的文化纳入文化创意产品中，通过网络向广大公众全面传播，最终带动博物馆发展和文化的传播。

第五节 设计事理学角度的博物馆文创产品思维创新

随着文化消费的增长、市场需求的增长，文化创意产业向加快发展的方向发展，逐步发展成为国家的支柱产业和战略性新兴产业。近年来，博物馆的发展也很快，这要归功于丰富的文化遗产，其中蕴藏着大量适合发展文化创意产品的文化资源。2015年国家通过的《博物馆条例》明确，国家鼓励博物馆积极掌握博物馆的文化内容，积极开发文化创意产品及其衍生物，为博物馆文化创意产业的发展提供了广阔的空间。无论是国家博物馆还是地方博物馆，无论是大型还是中小型博物馆，都越来越重视文化创意产品的开发。

随着文化创意产业的快速发展，博物馆中暴露出一系列的问题。北京故宫博物院、南京博物院等实力雄厚的博物馆，文化资源丰富，文化产品的创意开发具有重要意义，在品牌博物馆中市场比较有影响力。因此，它们在博物馆文化创意产品的开发和销售方面领先于其他博物馆，带来了可观的经济效益和社会效益。然而，我国80%以上的博物馆没有能力开发文化创意产品，总体上处于起步阶段，表现相对较差。由于种种原因，许多文化创意产品博物馆发展乏力、设计乏力，缺乏正确的设计思维和设计方法。许多博物馆文化创意产品仍处于"复制粘贴"设计简单"标签"的水平。产品不仅缺乏应有的文化内涵，而且在其形式上也缺乏类似于"不育"的创造性创新。

清华大学美术学院一位教授结合早年在德国学习的经验和多年发展设计理论的实践经验，梳理、研究设计史和中国传统文化，并结合现代设计的发展，提出了理论思维的方法论。其基本观点是，"课题"是发展思维和研究的起点，经过观察和总结，"课题"是一种被广泛认可的设计思维。

一、设计工程：从设计"物"向设计"事"的转变

设计哲学是设计研究的方法论，强调对学科外部环境因素的研究，认为应该从"学科"的角度来理解和分析设计。设计活动的对象是人与物，对象是工程设计与生产，对象是人与物之间的中介关系，对象是设计活动中的历史与联系场。刘冠中教授举例设计了一杯水，但如何喝水、何时喝、谁喝、什么目的，都是指饮用水。没有先决条件，单纯"喝一杯"是没有意义的。因此，理解和分析"事"是设计"物"的前提。一旦设计只针对"物"本身，对象的具体概念将束缚设计师的创造力。有些设计死板是因为把设计看成是简单的创意行为，设计思维狭隘、不开放。

当前，在一个更加注重体验消费的时代，更多的设计是建立在"物"的创造上，但又不仅仅是"物"的创造上。比如星巴克的"打卡圣地"，通过精致的意大利装潢风格、舒适朴素的家具、咖啡机的声音、服务员的微笑，营造一个欣赏咖啡的外部环境，让消费者感受到的不仅仅是对咖啡的消费，而是对消费场景的理解和内心的放松与欢乐。

设计理念提出设计思维聚焦于设计活动，不只是从设计"对象"入手，而是为产品的使用创造条件，把握其要素关系。

二、博物馆文化创意产品设计：用设计"事"的思维进行创意设计

在博物馆文化创意产品的设计中，从"物"的设计到博物馆艺术创意的

设计，都被运用到博物馆文化创意产品的设计中，即在特定的外部环境中考虑文化创意产品，并以"事"的形象来解释，也就是说，在一个特定的外部环境中考虑文化创意产品。刘冠中教授总结"事"的结构元素——时间、空间、人、物、行为、信息和意义，提出博物馆新的设计和创意设计、思维模式和发展方向。

（一）背景、时间和空间

在刘冠中教授看来，时间和空间是"事"的背景，是环境设计的两个维度。由于其特殊性，博物馆具有时空重叠的效果。对这两个方向的分析可以更好地引导它们进入后期设计阶段。时间的概念不是一个点，而是一个阶段，而是"时间的流动"。随着时间的推移，设计的本质是"发现过去，塑造未来"。博物馆因其展厅的特殊属性，藏品丰富精美，具有特殊的时代记忆和历史背景，这些藏品也是博物馆文化创意产品创意设计的重要支点。

然而，许多博物馆无法有效利用这些资源开发文化创意品。一方面，我国许多博物馆缺乏专业的设计师，有的明显缺乏创意能力。他们的设计活动往往局限于收藏的历史背景，文化创意产品的设计过于强调历史。产品符号虽然具有一定的历史文化意义，但往往缺乏创意，产品的形式属性和增值属性与消费者的审美和精神需求脱节。另一方面，有一些博物馆在现代社会主要以"时尚"和"技术"来发展和设计。文化创意产品的设计摒弃了文化古迹固有的历史文化符号，剥夺了博物馆的文化遗产和创新价值。在博物馆文化创意产品的设计过程中，需要时间去思考，过去、现在、未来都要统一体现在产品的创造性设计中。在历史沉积物和文化遗产的基础上，结合现代背景下的新热潮，开发出最受欢迎的博物馆文化创意产品。

空间是物理空间，也是文化传播的领域。我国有大量的博物馆，分布在全国各地。不同的博物馆有独特的地方收藏、丰富多样的文化特色，地理差异代表着不同的文化遗产。因此，博物馆文化创意产品的设计不能依赖复制和粘贴，要充分考虑地域文化差异，充分认识到地域空间的独特性，在设计文化创意产品时，着力打造立足地方文化特色的独特文化创意产品，使文化遗产的文化特征体现在产品中。此外，在博物馆文化创意产品的营销过程中，产品信息的传播也应体现该地区的一定文化特征。例如，北京故宫博物院就是明清两代皇帝工作和生活的地方。设计师利用这一空间特点，在文化创意产品的设计和营销中巧妙地运用了皇后、格格等的IP形象，既突出了产品的历史文化内涵，又突出了其时代特征。这也是其他地方的博物馆不能简单模仿故宫文化创意产品的原因之一。

总体来说，博物馆文化创意产品的设计既要考虑时间维度，又要考虑空间维度，还要考虑过去、现在和未来；充分考虑文化古迹所处空间的独特性，在时间和空间两方面为文化创意产品创造独特的文化符号，赋予其更具地方性和历史性的文化意义。

（二）事物的主体——人和物

人与物是事物的主体，对于文化创意产品设计，消费者和文化创意产品是事件的主体，是产品设计上最重要的部分，这是消费设计的核心。没有消费者，文化创意产品就不可能完整。在博物馆文化创意产品的创意设计中，消费者必须具体，具有特定的特征——性别、年龄、职业、教育程度、经济地位等。通过对这些特性的确认，可以更深入地了解消费者的特点，并正确地评估他们的需求。当然，这种需求也是多方面的。因此，在设计博物馆文化创意产品之前，首先要了解产品的目标消费者是谁，消费和行为特征是什么，特别是研究目标消费者的消费需求，获得决策心理。例如，目标消费者是青少年，产品通常有明亮的颜色。

博物馆里有与特定历史人物和场景相关的故事和场景。设计哲学不仅在物理功能上被理解，而且在精神上也被理解。在文化创意博物馆的设计中，应特别注意目标消费者的精神文化需求和心理互动。美国认知心理学家唐纳德·诺曼（Donald Arthur Norman）在《情感化设计》一书中指出，"结构中包含的情感成分对产品的成功可能比其实际成分更重要。"博物馆的文化创意产品具有特殊的历史文化意义，其背后都有一段鲜活的历史。设计师应充分挖掘文化古迹背后的历史文化故事，对文化创意给予更多的历史和象征意义，讲述博物馆文化创意，以吸引消费者，打动消费者，强化消费的体验，让产品有历史的灵魂。

（三）事物的过程——行为与信息

行为与信息是人与物的关系，是"物"的过程，是循环的系统。"物"

的设计不仅是产品的预览，而且是一个完整的故事。在完成设计并开始发行博物馆文化创意产品之后，消费者行为也是"事"形成的重要过程。这个过程、行为和信息是不可分割的。产品所传递的信息影响消费者的决策和行为，通过消费者的行为可以获得有效的信息。这个过程是一个信息共享和行为互动的过程。从这个角度看，产品能否有效地传递信息、激发购买欲望、通过行为获得有效的反馈，从而进一步完善文化创意产品的设计，是我们思考的焦点。

普及文化创意产品，有效传递产品中蕴含的文化创意，是产品营销过程中必须解决的重要问题。通过实地参观多个博物馆，我们发现博物馆在世界各地推广文化创意产品的能力两极分化。多家博物馆走在时代的前列，利用媒体开辟了多个平台，包括博物馆官方网站、微信和官方账号订阅号、官方微博，以及设计师和销售人员的微信和微博。此外，他们力求创造和运营的不仅是数万、数十万最优秀的粉丝，而且拥有极高的用户黏度和大量忠实的粉丝，极大地促进了产品的销售。不过，大部分博物馆仍在进行宣传活动，主要是在线下的商店进行，市场推广力度很弱。目前，移动互联网的快速发展，极大地促进了博物馆文化创意产品的传播，网络传播手段的多样性和交互性也大大提高了信息传播的准确性和有效性。对此，故宫博物院无疑处于许多博物馆的前列。

2015年以来，故宫博物院与一系列文化创意产品一起，积极运用网络媒体、大数据、人工智能、云计算等新技术，开发了一系列应用程序，包括网络游戏、网店、小程序等。要识别目标消费者，准确监控他们在消费心理和媒体接触中的行为，积极开展智能营销，使这一系列文化创意产品在市场上大受欢迎。此外，消费者也会不断通过互联网向设计师查询有关文化创意产品的资料，由设计师消化及同化，以期在未来改善设计或发展下一产品。简而言之，所有这些"事务"的结构要素都是建立在必须发展的"事物"之上的。"事"与"物"是相互联系、相互作用的，没有产品设计，我们就无法分析本应创造的环境。

从设计哲学的角度分析博物馆文化创意产品的设计，使博物馆文化创意产品的设计能够从以前的"设计"升级为"业务"的设计方法，从简单的设计模式转变为设计思维，使文化博物馆的创意研究能够进入更广泛的新设计领域，走出博物馆文化创意产品设计思维相对僵化的现状，使设计师不仅反思事物的背景、时空、时间，而且思考事物的主体——人与物，从而控制事物的进程——行为与信息，从而从设计中摒弃"复制粘贴"。从"物"的结构要素及其联系出发，突出文化符号和艺术美学，并具有产品背后的文化故事，使其能够创造性地创造出文化创意产品，受目标消费者欢迎。

第六节　消费者需求角度的博物馆文创产品创意设计

博物馆的设计文化资源丰富，具有文化传承、教育、价值管理等诸多社会功能，在社会生活和文化传播中发挥着重要作用。博物馆开发文化创意产品，不但很好地传播了博物馆的文化，而且提高了成本效益，从而解决了博物馆发展资金不足的问题。还可以提高博物馆的造血能力，实现可持续发展。因此，博物馆必须正视文化创意产品发展的挑战，采取有效措施促进博物馆文化创意产品的发展。

一、以效用理论对消费者需求进行分析

效用理论认为，消费者对某一商品或服务的满意程度可以根据消费者的主观评价，从"效用"的角度来评估。效用论更多地涉及物质产品，随着消费品消费量的增加，消费者会开始降低每一种商品单位的消费效率，也就是说，消费品的消费效率会降低。但是，有学者认为，某些商品的消费如音乐、艺术等不符合这一规律。事实上，根据观察，造成消费依赖的绝大多数商品是具有一定文化层面的商品，即创意商品。消费者消费的不仅仅是商品，还有文化，以获得巨大的精神满足。

此外，随着这种创意产品消费的增加，消费者对这种创意产品所体现的文化有了更深的认识，对这种产品的文化有了更深的了解，进而激发了消费者的兴趣，增强了他们对这种产品的消费偏好。从消费文化中获得的满意度也可以从效率的角度来衡量，与传统意义不同，效率是不断提高的。为了区别传统产品，它们被称为"文化创意产品"。文化创意产品是满足消费者精神需求的

产品，因此，消费者对该类产品的需求必然会增加，其文化价值也会增加。由于消费者的文化和价值观不同，消费者有不同的文化偏好。随着消费者对文化效用的日益重视，这种文化偏好必然使消费者积极参与新产品的开发，或者创意企业与消费者积极合作开发新产品。也就是说，在新产品的开发过程中，文化偏好会产生消费者的积极参与。

通过对"效用理论"的分析，可以更明确地确定消费者对文化创意产品的需求，这在很大程度上得益于文化资源，文化创意是文化资源的产物，文化是创意产品的来源，因此创意工作者对这些文化资源的诠释和重新编码形成一种文化意义，与普通产品有很大的不同。文化创意产品的质量和价值主要是由与创意产品紧密相关的文化价值决定的，也就是说，文化创意产品的质量和价值是由文化价值决定的。因此，要开发消费者可以接受的文化创意产品，必须利用博物馆丰富的文化资源。只有把文化观念完全融入产品中，文化创意产品才能脱离普通商品，从而获得最大的利益。

二、消费者需求视角下的博物馆文化创意产品设计策略

（一）不要盲目追随，在市场上寻找位置

在这方面值得一提的是，现时文化界有很多因素不容许生产产品或不获市场认可。因此，需要进行消费者研究，充分认识和掌握消费者的不同需求和习惯，通过准确定位和细分市场开发文化创意产品，确保满足消费者的需求。综合分析从消费者的角度，从生活的审美角度，文化将创意产品真正融入消费者的生活。文化创意产品的发展不应盲目，必须确定市场定位，根据消费者需求设计市场所需的文化创意产品。

（二）独创性和个性化

与普通商品不同，博物馆具有历史文化价值，这是吸引消费者购买文创产品的主要因素。当前，随着社会的快速发展，人们的消费观念变得个体化，对精神发展的追求不再满足于单一的工业产品。博物馆的文化创意产品被引入历史文化等元素，从而迅速引起消费者的关注。博物馆在文化创意产品的开发过程中，应采用独特的设计风格，结合博物馆的文化特色或地方文化特色，使

文化创意产品成为博物馆或其城市的一个特色，满足观众"带文物回家"的美好愿望。

（三）深入开发和更好地利用文化资源

博物馆收藏了各种文化资源，既有文化价值，也有财产价值。利用博物馆藏品的文化成分进行商品生产和产业化，可以创造经济效益，在一定程度上解决博物馆的财政问题。作为文化创意产品的开发者，对这些藏品所包含的文化价值进行深入的研究是必要的。只有在了解其文化内容的基础上，才能在设计过程中更好地将产品与收藏文化相结合。同时，博物馆不应陷入纯粹商业化和形式化的深渊，博物馆的资源应建立在保留博物馆原有价值的基础上。在使用文化资源时，既要注意文化资源本身固有的文化内容的深度，又要注意文化价值的高水平。文化资源的选择要有的放矢，以消费者为中心，以不同文化层次和知识的消费者群体为对象，在馆内发展文化创意产品，符合社会消费的心理、审美、实用和有意义。

文化创意产品商店被称为博物馆"最后的展厅"。文化创意产品被视为文化哲学的象征，有助于人们对博物馆有更深的了解。通过文化创意产品，使博物馆能够在社会各个角落成功地传播文化，无形中提高人们的文化素质，促进博物馆文化的保存和发展。以博物馆丰富的文化资源为基础，从消费需求出发，发展丰富的文化创意产品，最大限度地传递文化古迹背后的中华文明。

第七章　博物馆文创产品设计中的多元要素应用

第一节　博物馆文创产品设计中的中国风尚元素运用

一、从"全球化"视域看中国风尚的演变

（一）17~18世纪盛行于欧洲的中国风

17世纪欧洲首次出现了东方主义，其从哲学和宗教、语言学、人类学及历史等角度对东方文化进行研究。随着与中国贸易的增加，这一趋势在18世纪得到普及，并形成一种全方面的东方主义潮流。随着东方主义潮流的盛行，中国风的发展在18世纪也进入顶峰。

（二）19~20世纪的中国风格

在19世纪，由于列强的入侵，使欧洲和其他国家对中国艺术有了更深的了解。20世纪，国外大学专门成立了中国艺术研究院，随着考古学的发展，更多的人关注和探索"物"背后的研究价值。

（三）21世纪的中国时尚

在21世纪，中国时尚变得更具价值感，人们开始提高自己的文化内涵。进入21世纪，中国的突飞猛进的发展引领中国风再次走向世界舞台的中心，吸引了更多的本土设计师和外国设计师的目光，中国人也不断理解传统符号和传统文化的意义。博物馆作为文化资源的重要集聚中心，拥有超凡的资源优势，无疑是启发中国艺术的设计师的最佳选择。

二、开展博物馆文化创意产品设计的意义

（一）文化市场的需要

博物馆对文化创意的热情被一系列政府措施充分点燃。国务院、国家文物局和有关部委制定了一系列文件和措施，更加重视博物馆的发展，让市场发挥作用。鼓励博物馆以资源为本，积极发展文化创意产业，积极探索保存文物的有效途径。博物馆藏品十分丰富，文化价值极高。然而，基于文物展览的传播有一定的局限性。它不仅限制了博物馆传播信息的能力，而且也不能扩大博物馆所获得信息的深度和覆盖面，满足现代公众更为多样化的需求。因此，设计文化创意产品作为博物馆内的传播媒介，无疑是博物馆文化内容的最佳途径。在博物馆或合作社出售有关主题的文化创意产品，让参观者将"展品"带回家，无形地架起公众与收藏的桥梁，让他们因应历史文化的特殊性，交流文化创意产品，感受博物馆的文化。

（二）必须确保博物馆能持续运作

为确保博物馆的持续运作，首先必须确保博物馆的运作有足够的资金。因此，发展博物馆产品是博物馆获得经济效益的有效途径。例如，台北的故宫博物院仅"旧换新"项目一年就售出约2万件文创产品，销售业绩850万元，占营收总额的9％。博物馆文化创意产品的传播越广泛，对博物馆的社会影响就越大。在博物馆持续运作的同时，文化创意产品所产生的资金可以有效地重新分配给博物馆藏品的研究、展览、教育和开发。

三、中国时尚在博物馆文化创意产品设计中的应用

（一）"以产品形式"立意的产品表述

基于"形式"的项目主要意味着直接播放集合。通常有代表性的集合被选为对象，并被完全或局部复制。它的优点是不仅可以分发收藏品，而且还为收藏提供了新的展览机会，主要是纪念性的。

（二）传情达"意"的物品设计

以"意义"为核心的产品设计，主要满足消费者对产品功能的基本需求，在利用产品定位感知传递产品意义信息的同时，通过语义和符号的建模对产品进行解读，让消费者理解和感动，成为博物馆和公共信息之间的沟通工具。

（三）以"尚"立意的产品表达

在"尚"的基础上，产品设计主要结合流行元素，从博物馆藏品中提取出感兴趣的元素，将其结合在一起，使产品成为时尚，吸引更多的消费者群体，并迅速推广，提高博物馆的经济效益，优化产品。

目前，我国博物馆的文化创意项目正处于形成、探索、培育和发展的初级阶段，基础薄弱，整体水平不高，与博物馆文化创意设计相比仍有很大差异。此外，大部分产品设计单一，缺乏创新，缺乏产品文化内涵的挖掘和与消费者的联系。目前欧美文化创意产品的设计主要以博物馆藏品为主。在欧美博物馆，"从收藏中得到灵感"被用作发展博物馆文化创意产品的重要切入点，博物馆在传播历史文化的同时，为博物馆本身带来丰富的经济价值，真正达到"文化创意"的目的。大英博物馆制作的小黄鸭系列完全融入英国文化，很受欢迎。我们在设计文化创意产品时，不单要讲求世界，还要讲求我们的文化基础，让更多的收藏品进入国际市场，也要让人们明白背后有更多的文化内涵。

第二节　博物馆文创产品设计中的3D打印技术应用

设计服务于人生活的方方面面，产品设计具有设计情感关系和审美内涵。但在现实生活中，由于生产技术的限制和生产资料的限制，设计师往往考虑制作图纸。随着科技的发展，3D打印技术的出现无疑是解决这一问题的最佳方案。3D打印技术可以实现产品外观设计的高难度及个性化和小批量生产。此外，它不限于地理和时间范围。该技术在博物馆产品设计中的应用将有助于提高博物馆文化创意产品的设计水平，拓展博物馆的社会功能。

一、3D打印技术及应用领域

（一）3D打印技术的定义及分类

3D打印是一种快速成型技术，又称增量材料制造技术，与传统的产品制造技术有着本质的不同。3D打印机打印的产品与普通打印机相似，但用于液体或粉末塑料、金属、陶瓷等，然后用计算机软件（3D MAX/CAD等）构建3D打印对象模型，再使用3D打印机开始打印，通常采用多层方法叠加在原始材料上，如果对象很大，可以分割打印，最后拼接出3D对象。

根据3D打印机的技术原理，可分为三种。一是采用沉积熔融法制造的FDM3D打印机，主要由塑料制成。3D打印机配置和型号有很多选择，打印机价格相对便宜，可供个人使用。缺点是印刷品不够细腻，但广泛使用可回收的原材料。同时，这种3D打印机是目前社会上最常用的，主要是打印尺寸在10毫米到1000毫米的产品，较大的产品可以组装成模具。二是SL3D打印机，主要以光敏树脂为原料。这种打印机主要在国外购买，价格相对较高，从几万到几十万不等。缺点是易碎，不易保存，但产品印刷精度高，适用于戒指、首饰等高精度产品的印刷。三是激光选择性烧结方法SLS3D打印机，它以金属粉末为原料。目前国内几乎没有制造这种打印机的工厂，主要是以非常高的价格从国外购买的，所以大多数公司和企业不使用，主要是大型工业企业使用。用户可以根据要打印的产品尺寸、打印精度、原始材料等选择适合自己的3D打印机。

（二）3D打印技术的应用领域

20世纪80年代，包括3D打印技术在内的科技潮流突然在世界上兴起。近年来，随着我国3D打印技术的飞速发展，3D打印技术产品出现在我国各行各业，特别是医药、工业设计、文化艺术、教育、航天科技、汽车工业、建筑、军事、考古等领域。

在医学上，3D打印技术用于打印牙齿等骨骼模型及药品，以解决湿气、变质、过期药物等问题。在工业设计行业，3D打印技术可以用来打印一些传统技术产品，它们是工业机械零件无法解决的。在文化艺术领域，艺术家利用

3D打印技术创意创新作品。

在教育方面，可以利用3D打印技术开发更多实用的教学方案，学生可以选择这些方案。在航空航天科技领域，3D打印技术可用于制造难以加工的零件，降低生产成本。

在汽车和建筑行业，3D打印技术可以解决不可再生资源的问题。在历史古迹方面，利用3D打印技术可以修复珍贵的文物，尤其是脆弱的文物。

3D打印技术被许多博物馆用于复制和公共工程。例如，中国的三星堆博物馆利用这项技术保护文化古迹；在教育活动中应用3D打印技术，让学生积极体验制作模型的乐趣。目前，3D打印技术也被用于文化创意博物馆作品的制作。例如大英国家博物馆与3D公司合作，设立了一项服务，消费者可以从博物馆网站下载雕塑、3D模型艺术品，这样就可以打印出通常不在博览会上展出的喜爱物品，保存藏品或寄给亲朋好友，为博物馆文化的传播提供新的方向。

二、3D打印技术在博物馆文化创意产品设计中的应用分析

（一）3D打印技术在博物馆文化创意产品中的优势

首先，体验是多样性。传统上，博物馆的藏品在玻璃中是可见的，它们通常被放置在特定的玻璃罩中供游客参观。而对于3D打印产品，消费者可以观看和触摸，以增强体验感。其次，从地理角度看，传统的生产方式是发展一种需要大规模生产线支持的生产模式。中国东部的基本条件明显优于西部。同时，模型开发技术非常复杂，需要大量的成本。3D打印产品不受时间和地点的限制，在所有地区都有很大的适应性和灵活性，只有一台电脑和一台3D打印机可以满足生产需求。3D打印产品是一种附加的制造形式，可以生产小批量样品供消费者选择，使用了更少的原材料，减少了能耗，节省了人力、物力和生产成本。最后，在设计设计方面，传统的制造方式会导致产品在某些情况下无法制造。3D打印技术可以打印复杂的产品，如跑车、开放空间照明和照明设备。

(二)可以"带回家"的博物馆古迹

在中国经济快速增长的基础上,人们对精神文化有很大的需求。每逢节假日都会组织一次博物馆展览的团体参观,这已成为一种社会趋势。看完展览,许多参观者都有"回家"收藏的愿望。如果博物馆或参观者采用3D打印技术将这些物品复制成三维模型,那么3D文物模型服务将为参观者带来一个新的展品,使他们能够最大限度地发挥博物馆的社会功能。

(三)博物馆艺术创意各种材料的3D打印

博物馆文化创意产品的选择是设计过程中的一个重要环节。材料的选择反映了不同的设计效果,材料的选择给消费者不同的触觉感受。博物馆藏品是历史遗留下来的文物,其制作难度大,传统的制造工艺不可能完美复制,所以要选用3D打印技术。

(四)3D打印博物馆文化创意产品,唤起参观者学习兴趣

作为教育和认知活动的一部分,3D打印技术可以创建由家长和孩子收集的收藏品模型。在这个过程中,家长和孩子之间的感情得到了加强。当然,博物馆的模式要求设计师采用非对称设计、经验设计等创新方法,让消费者感受到文化的存在和普遍性,从而引发情感共鸣,增强民族自豪感。

新时代的产品设计需要新的方法。如今,私人定制已成为一种公共时尚,3D打印技术在博物馆设计的文化创意产品中,将给消费者带来新的感受和体验。从博物馆的角度来看,如何利用3D打印等新技术开发文化创意产品,同时在各个领域都更加创新,将是设计师和博物馆创意产品思考的课题。当3D打印等新技术被引入博物馆文化创意的设计与开发中时,博物馆古迹的历史文化将更加有趣,使博物馆文化真正走进人们的视野。

第三节 博物馆文创产品设计中的激光雕刻技术应用

目前,激光雕刻已广泛应用于机械制造和工业生产,特别是金属加工、印刷包装、纺织服装、家居装饰、航天技术等领域。根据官方发布的统计数据,2008—2014年,我国激光雕刻设备体积保持稳定增长。2008年,我国激光

雕刻市场规模为5.07亿元人民币，到2012年增长100%。2014年，我国激光雕刻市场规模达123.5亿台，比去年同期增长8%。

目前，将"博物馆带回家"文化艺术产业发展得越来越快，激光雕刻开始在博物馆的创意产业中扮演重要角色。

一、激光雕刻在设计中的优势

激光雕刻是一种激光辐射，将在激光核外电子放大后形成光辐射。激光雕刻是在被照射物体的熔融和烧蚀过程中，根据计算机参数信息采用高聚焦强度的激光束进行的，从而实现了非接触切割和蚀刻过程。它能有效地解决传统加工方法无法解决的问题，特别是高强度易碎材料的切削，有逐步取代传统切削技术的趋势。

（一）数码设计

激光雕刻主要基于数字模型，激光切割机的工作文件通常是DXF或DWG格式。本文档可以使用CAD、AdobeIllustrator、CorelDraw等矢量程序编写。应设置绘图单位，其大小应按实际生产规模确定。事实上，计算机在数字模型中绘制的线是切线材料激光点的运动轨迹。由于数字形式的可见性，除了物质上的差异，被切割的文化创意产品几乎无一例外地恢复了计算机设计文档中的图案——"可见结果"。

（二）平面出口

激光雕刻机本身就是一个二维平台，上面要切割的材料通常是板材——纸板、木材、亚克力板、铝板等。而文化创意的产品则以平面为主，甚至一些别出心裁的激光雕刻文化创意制作后的立体造型，一般都是以平板为基础的多层包装或组装。

（三）材料的改编

激光雕刻机分为光纤激光雕刻机和激光雕刻机，用于切割有机和合成材料。因此，金属、纸张、木材、织物、皮革制品、亚克力等常用的材料均可以加工。

在纸张加工过程中，传统机械切割模式下砂轮磨损导致"飞边"，手工切纸容易因刀具磨损或面积小而造成纸张划伤或脱落。激光切割生产造纸文化创意产品，边缘干净，无屑，可提供均匀高品质的加工，以及方便快捷的雕刻空白效果，用于生产贺卡、明信片、灯罩等。

在传统的织物加工过程中，模型刀片的变形和衰减会导致织物头剥落，这将给后续工艺带来很多问题。激光雕刻解决了这个问题。此外，激光可以蚀刻厚重的织物和起绒表面，当蚀刻深度发生变化时，也可以对丰富的图案水平的雕刻产品产生渐进的影响。

（四）高效生产

激光雕刻主要取决于光斑直径、激光功率、切割速度和加工零件的位置。缝隙的形状和尺寸根据材料的性质和参数而变化。生产工艺主要独立于模具，精度高，缝隙窄，材料磨损少，加工零件变形小，无接触，生产成本低，生产效率高，调整参数和材料性能时可立即成型。

（五）排放保护

除了经济效益高，激光雕刻还不能忽视的一个环境特点。首先，激光光斑发出的热量较少，这样可以减少在热量过高时由于板材熔化变形而造成的不必要损失。其次，切削时噪声小于传统加工。最后，虽然切割时会产生少量尘埃，但有湿式或干式除尘器，所以空气污染不大。

二、激光雕刻在文创设计和生产中的不足之处

（一）材料厚度有限

通常用200瓦的激光雕刻金属板，雕刻厚度为1~2.5毫米。500瓦的雕刻厚度小于4毫米，1000~2000瓦的雕刻厚度小于15毫米，取决于材料成分。木材、亚克力和其他材料的加工厚度通常在15毫米以内。

（二）材料种类有限

高反照率的铜铝只有在激光雕刻系统上安装"吸收反射"装置时才能加工，否则反射会破坏光学元件。在雕刻热塑性塑料、热固性材料和人造橡胶等复合材料时，应考虑加工风险和可能排放的有毒气体。

（三）部分材料"黑边"碳化

采用激光雕刻技术时，竹材、木材、胶合板、纸板等材料容易碳化，导致边缘呈黑色。根据机器功率参数及所加工材料的组成和厚度，黑边碳化物的颜色深度略有不同。在正常情况下，低功率和快速度时不易碳化，但也会导致不良结果，需要二次处理。

三、以激光雕刻技术为支撑的博物馆文化创意

博物馆的文化创意发展越来越精巧灵活，从直接复制文物的"硬周边产品"，到将藏品形象与"衣、食、宿、游戏"的实用功能相结合的"软周边产品"。激光雕刻结合了这种艺术意象的展示，逐渐发展成为现代文化博物馆设计制作中常用的工具之一。

作为中国乃至世界著名的博物馆，北京故宫博物院在中国文化创意的发展和管理中居于首位。每年签订的文化创意产品金额超过10亿元。2016年12月，故宫博物院共研发文化创意产品8683件，包括家居设施、家居游戏、禁衣、创意生活等。其中，"文具游戏"等文化创意产品和其他激光雕刻技术应用最为广泛。

故宫文具类除竹木材料的激光加工外，还有金属材料的激光加工。故宫的"千里江山图书签"摘录了故宫博物院文化财产宋代王希孟所画的长卷《千里江山图》的框架。它结合了中国古代文人对山川的热情表现和现代读者对书海的理解，利用金属激光雕刻的密度，表现了岩石、斧子不同的纹理、明暗的变化。设计师精心设计，登山入水，打造出了山水融合的意境。

中国海关博物馆开发的丝绸之路通关棋结合了传统的追关棋和通关状况，形成具有知识性、有趣性、娱乐性的科普通关知识的通关棋。这个国际象棋在棋子的制作上也采用了激光刻蚀和印刷技术。激光雕刻不仅可以切割材料，还可以蚀刻雕刻的花，从而产生平面图案和浅浮雕效果。

中国海关博物馆发售的丝绸之路3D拼图也采用了激光切割技术。其提取了丝绸之路的符号元素，设计成图案，用激光切割技术切割成碎片，分层制作。木头的拼图分为上、中、下三层，最里面是汉代的丝绸之路。张骞率骆驼

队去西域。中部唐朝中期的丝绸之路,玄奘走出敦煌,取经于西方的天空。最外层是现代的海线远渡,中国和西方有着密切的贸易往来。立体拼图以古代著名的丝绸之路传说为主题,让以们从游戏中了解历史,从故事中体味风土人情。

拼图由许多小板组成,但由于激光雕刻在材料断裂间隙的损失较低,仅3层20厘米角的黏结板就可以按照设计图进行切割成型,根据颜色的设定涂上颜色,就可以尽善尽美。

旅游礼品文化创意产品中也不乏激光雕刻技术的支持。广东省博物馆文创店销售的"邮历·广州"系列木雕明信片,以广州五羊雕刻、广州塔、广东省博物馆等著名旅游景点为主题,展示了明信片广场之间的岭南地标建筑和地域特色。在不同颜色和纹理的板上组合激光雕刻的线条元素,将激光雕刻的表面元素层叠组合,形成城市地标的立体形象。这是手写信和纪念旅行的好选择。

激光雕刻为博物馆文化创意的设计思考和语言提供了技术支持。为了使博物馆的文化创意产品不只是单纯的装饰,提供了一个模型化的设计战略。狭义上是"知识产权收藏的象征"和"使用功能"的重叠,广义上是识别性和实用性的结合。

第四节 博物馆文创产品设计中的互联网思维应用

互联网不仅改变了人们的生活方式,社会工作模式也因其存在而不断优化。所以,什么是网络变革和深远成果的主要动力?是思想、行动的影响和行动的结果。到2018年底,中国网民数量超过8亿,超过美国、日本、德国、英国等发达国家的总和。"互联网+"的概念已经成为一项国家战略,在这项战略中,互联网确实使传统产业产生了一系列的变革。

一、互联网思维

互联网思维，意味着在互联网（移动互联网）、大数据、云计算等技术发展的背景下，重新思考用户、员工、产品、市场、组织及整个价值链和生态系统的思维模式，依托用户思维、大数据思维、思维平台、跨境思维等互联网思维，深入升级博物馆文化创意产品，达到优化产品和运营模式的目的。

用户思维。所有的产品和服务都是按照用户的思维和习惯来设计和发展的，这是用户思维的核心。通过与用户的广泛互动，可以接触到用户的各种习惯和反馈，从用户的角度看待产品，关注他们的体验，并在此基础上更人性化地发展产品。

大数据。大数据思维有三个维度：其一是定量思维；其二是相关思维，一切都可以关联，各种消费者行为数据密不可分；其三是实验思维，凡是可以尝试的，大数据提供的信息可以帮助制定相应的策略。

平台认为。平台的基本思路是将不同要素结合起来，在平面上结合起来，以开放的思维和整体的制胜之道，调动一切力量实现优势资源的汇聚，从而调动巨大的能量打造生态圈。

跨界思维。随着互联网上的商业活动继续影响人们的生活，工业界的界限变得不那么清晰了，许多行业使用"互联网+"的概念来优化传统业务，使其更具活力，产生了一种跨界思维。这是传统观念和思维模式的突破，通过在其他产业中引入新的规则和观念，实现传统产业的变革。

二、将互联网思维应用于博物馆文化创意产品

互联网思维已经应用于各个行业，例如：交通领域，滴滴的出现使人们更容易出行；在支付领域出现二维支付代码，避免了现金交易烦琐的问题。通过网络思维的优化，传统产业实现了业务效率的提高、人口的便利和自我发展。

（一）用户思维有助博物馆管理人员改变传统观念

网络思维在博物馆文化创意产品中的应用，首先是改变博物馆的心态，

不再等待参观者，而是通过不断自我优化，聚焦参观者的体验。所有正在开发的文化创意产品都必须以技术设计的形式开发，以游客喜欢看和听的形式，在实用和有趣的条件下，结合收藏品的文化元素。营销计划以接地气的形式，积极融入游客中，使他们有一种主人翁感、参与感和深度体验，这样或许可以根据游客对文化创意产品的需求进行相应的设计。

（二）更广泛地提供数据，让文化创意工作者充分了解游客消费趋势

博物馆创意的主要数据分为两类：在线数据和线下数据。在线数据可以编程，获取极其精细的数据信息，每个信息都会被跟踪。这些数据有助于文化创意工作者了解产品消费趋势并及时更新。线下的数据采集在相对线上更困难，但通过一定的销售周期、数据分析，仍能了解现阶段具体文化创新产品销售实际情况，根据数据，同步生产，实现良好的销售并及时补充商品，可以最大限度地减少仓储积压现象。

（三）平台理念是博物馆文化创意的保证

思维平台在文化创意工作中的应用，以博物馆为平台，在合作或授权模式下发挥自身优势和资源，寻求专业公司设计、在线制作优秀产品，优势互补，专业劳动、创意工作者博物馆对相关作品进行监督审查。同时，这也是一项艰巨的任务，需要博物馆从事文化工作的创意工作者很好地融入思维、审美和市场判断。

（四）跨界思维使博物馆的文化创意产品更加活跃

知识产权是一种宝贵的资源，博物馆在收集、收藏、展示和研究代表人类文化遗产的物品方面具有独特的优势，对任何特定的收藏品来说，知识产权具有极其重要的历史文化意义和价值。通过强大的联合，融合两个本土品牌的粉丝群体，实现品牌影响力和相互渗透，促进产品销售的最大化。跨越博物馆的职能边界是扩大博物馆影响力并使其强大的必要途径。为了最大限度地提高跨界存在的效力，必须根据彼此的条件，制定长期互利的合作条件。跨境贸易不仅仅是产品销售，而是建立长期合作机制，实现品牌共生。

互联网思维可能会随着5G技术的传播在一定程度上发生变化，但其开放性、平等性、合作性和整体精神不会改变。只有深入理解和应用互联网思维，才能开发出原创的文化创意产品，找到符合博物馆运营的方式。

第五节　故宫文创产品设计中的中国古代书画元素应用

一、文化创意产品设计与传统艺术相结合的必要性

在互联网市场动荡和国民经济增长的情况下，对文化创意产品的需求不仅是满足基本物质需求，也是满足文化、娱乐和精神需求。因此，将文化创意产品的设计与中国传统艺术相结合成为必要的命题。艺术和文化创作相结合，是增强中国文化软实力和行业竞争力的重要举措。在"中国制造"加速向"中国'智'造"转变的情况下，文化创意产品的设计结合了中国古代的书画艺术，与传统文化的创新和转移同步进行，也顺应了时代潮流，有望将为中国文化创意产业未来带来巨大的经济效益和广阔的发展前景。

随着时代的召唤，故宫走上了一条新的、创造性的道路。故宫博物院实现了中国古代书画元素广泛分布的文化创意产品的发展。对这一现象的主要贡献在于以故宫为基础的产品的设计和品种，既能唤起消费者的传统审美感，又能以多样化、美观、务实的方法丰富他们，满足他们的日常需求。当代文化创意产品设计的关键要素是与精神受众的互动，从而广泛传播。

二、博物馆文化创意产品设计应考虑的要素

（一）三个要素："文化、交流、互动"

在设计文化创意的博物馆作品时，应考虑文化、流通和互动。在享受的基础上，文化创意产品的设计应努力进入人们的生活。博物馆的社会功能主要是文化传播教育。只有考虑到产品传播的流动性及与消费者的良性"互动"，才能实现可持续增长。成功的文化创意产品不仅倡导传统文化，也有利于增强和增强民族自信心。文化创意产品既要实用，又要传统创新。

（二）知识产权意识及专题集的应用

创意产业是一种文化创意先于以往的风险产业。文化创意产品的设计制

造，更多关注时尚潮流、个人爱好、社会环境等因素。近年来，随着《上新了·故宫》《国家宝藏》等艺术节目的出现，故宫的文化创意产品在一系列IP项目中出炉，取得了巨大成功，如《千里江山图》《清明上江图》系列等。故宫文化创意产品的设计主题，也因与中华传统节日相结合而焕发新生，与社会产生共鸣。

三、中国古代书画艺术在故宫文化创意产品中的应用

（一）中国古代绘画元素的应用

在故宫的艺术创意中，"创意生活"以许多实用的产品为特色，其设计元素不仅有著名的《清明上河图》，而且还带有一些色彩鲜明、古典气息的少数民族传统图案。例如，在王时敏的《杜甫诗意图册》中，其中一幅画是清水景致，隐居的居所。非常适合设计师设计文化创意产品。一系列帆布包的设计，许多都被选为生动、醒目、原汁原味、有趣、精致美观，如南宋画家黄筌的《苹婆山鸟图》。为了适应不同的年龄段、不同的消费者性格，还应采用"桃兔图案"、清新轻盈的"莲花图"等。值得一提的是，故宫文化创意的主题从《千里江山图》系列开始。

（二）中国书法在故宫文化创意中的元素

文化创意产品应让消费者感受到传统文化艺术的魅力，在故宫文化创意中运用书法、篆刻等元素设计印刷，符合消费者长久以来的愿望。雕刻印刷在中国书法史上的运用由来已久。在历代皇帝中，最喜欢印刷方式的是清朝乾隆皇帝。故宫文选乾隆皇帝经典印刷，设计"乾隆盒"印刷，由桦木和塑料制成，便于携带和存放。消费者不仅可以体验乾隆皇帝爱印的喜悦，更可以体验书法文化的知识。

文化产业发展的核心竞争力是文化，因此在设计文化创意产品时，必须保持高度的文化自觉性。设计本身是一门跨学科的学科。艺术设计与文化创意产业的跨界融合，克服了产业的障碍，激发并为创意注入了新的动力。故宫文化创意产品的设计结合了中国传统书画的元素，具有中国文化的独特性、开拓性和独创性，是未来文化创意设计的必然趋势。

第六节　博物馆文创产品设计中的国潮设计思路应用

一、"国潮"设计理念

"国潮"是国内的潮牌，中国的潮流。人们通常把中国自己的设计师演绎成中国元素的潮流品牌，或是其中一些表现出中国元素独特的思维方式和生活态度。把握"国潮"是以设计原创品牌为载体，以中国文化元素为语言现象，是中国传统文化的一种新的表达方式。

时尚品牌起源于中国，因为在短时间内，许多年轻的消费者不仅偏爱中国传统文化元素的复兴和普及，而且偏爱中国设计师此刻对市场的洞察。传统文化是现代人生存和发展的智力工具。因此，流行文化不仅引起了许多消费者的响应，也提高了原有品牌的商业价值。

因此，在界定"国潮"的概念时，必须考虑以下三个方面：一是主体产品融入中国传统文化的创造性设计；二是设计能否将中华传统文化的元素与时间的流逝相结合，使其更加年轻时尚；三是设计是否广为消费者团体和市场所接受，是否广受欢迎，并融入人们的日常生活。

以设计师原创品牌为基础的设计文化在一定程度上满足了年轻消费者对时尚潮流的追求，也体现了现代流行文化的商业价值。

二、"国潮"设计的流行趋势

随着年轻消费者对"国潮"的向往，趋势越来越流行。此前被否定为"老土"和"过时"的元素，在提供新表达形式的设计师手中重生，逐渐成为个性和品质的象征。

当代中国年轻设计师对市场的洞察，在一定程度上推动了"国货"设计的兴起，一批头脑有大洞的"国货"设计师也"侵蚀"了公众对传统"国货"的意识。以时尚周在纽约开幕的青岛啤酒为主题，其品牌强调"百年国潮"，利用逆行时尚元素展现了跨境潮流的时尚魅力，青岛啤酒再度兴起。秘诀就在于其觉醒了时尚意识，运用中国历史文化的元素，结合时尚风格设计理念，使其设计焕然一新，不失特色。

近年来，中华传统文化的回归，中国人对中华文化强烈的认同感和归属感，也在一定程度上促成了"民族潮流塑造"的兴起。中华传统文化的形式吸引了越来越多的公众和媒体的关注。无论是故宫国宝还是昆曲京剧，似乎都可以成为公众关注的焦点，甚至可以在一夜之间成为潮流的顶峰。

"国潮"的设计就像闪电划破灰色的天空，进入新消费潮流的浪潮，重新定义中国潮流的设计，让我们开始思考"国潮"应该是什么样子。"国潮"的设计理念是独特的，其新颖的表达方式与中华传统文化的特点没有区别。从发现到需求，消费者更加关注中华传统文化元素的传承、创新和再设计。一方面，"国潮"通过各种媒体渠道进行各种营销推广，比如最近推出的文化多样性项目，如"紫禁城上新"，它真正传播了"国潮"的设计；另一方面，"国潮"设计实现了创新的文化创意产品，如"朕知道了"胶带、皇帝皇后形象酒瓶塞等，这些文化创意产品不仅吸引了消费者的关注，也形成流行文化的热点，引起了越来越多观众的兴趣。带有中国文化元素的"国潮"时尚产品开始走向全球，并日益成为年轻消费者展示个性的一种风格。

三、"国潮"设计理念与博物馆文化创意产品

以人类智力和技能为基础的文化创意产品，运用现代科技手段，传播创新思维，创造创新文化资源和文化价值。博物馆文化创意产品是利用中华传统文化元素而生产的具有纪念意义或现实意义的产品。它具有地方特色和艺术品位，承载着与博物馆主题相关的历史文化。博物馆文化创意设计应从实用性、时尚性和艺术性三大特点出发进行定位。

（一）实用性

对现代社会的消费者来说，文化创意产品如果只是具有装饰性，而不是实用性，就没有吸引力。因此，在文化的创造性发展中，必须将感官与实用相结合。例如，台北故宫博物院设计了"堕马髻颈枕"，既有观赏价值，又有实

用价值。使用这类文化创意产品的消费者，逐渐增强了对中华文化的认同感。

（二）时尚性

如今，年轻消费者的特点是态度鲜明、思路新颖、思维活跃。他们喜欢追求时尚、美丽、酷、美等流行元素。因此，如果在文化创意产品中积极运用"国潮"最流行的元素，那么体现时尚特色的文化创意产品创新首先可以抓住年轻消费者的目光，创造出符合市场要求的产品。

（三）艺术性

具有商业价值的文化创意产品，首先要美观，具有高度的审美鉴赏力。在设计过程中，设计师不应将文化创意产品视为普通商品，而应将设计理念视为具有高度审美艺术性的艺术作品，应用原有的设计思维，选择合理的艺术元素，归根到底，以独特的艺术灵感塑造产品，提升产品的市场知名度。

近年来，故宫的文化创意不断受到公众的关注，所创意的文化设计包括了中华传统文化的许多元素和图案，如"仙禽瑞兽""百花彩蝶"等，不仅是新的自我表达形式和时尚，也是带有古老神话色彩和历史标志的符号。从五颜六色的口红到服装，这场气势磅礴的"国产T台秀"吸引着年轻人。以故宫博物院推出的唇膏为例，将故宫元素融入了唇膏的图案和颜色。每一款唇膏都以故宫博物院的收藏及古代后妃的服饰为蓝本，如红缎刺绣、月缎银绣等花样、图案。唇膏的所有颜色都取自故宫博物院藏品，如豆红釉菊瓣瓶、矾红地白花蝴蝶纹圆盒等。故宫唇膏一经推出，立即受到年轻消费者的青睐。一夜之间，销售额超过1亿元。其成功的秘诀在于，它将传统文化元素与现代设计思想和技术相结合，形成时尚、原创的设计，却又不失其古老魅力和深厚的文化底蕴。

未来社会发展，支持博物馆文化创意产业发展基石，是我们丰富而古老的中国历史和传统文化，在社会文化自信和民族自豪感中，在消费者日益增长的精神文化需求中。博物馆要发挥文化资源优势，挖掘和传播传统文化内涵和深层根源，将传统文化元素与现代时尚潮流相结合，运用"国潮"设计理念，积极发展文化产品的创意设计，创造更多的产品融入人民生活，使博物馆文化创意产品为市场所接受。

第八章　博物馆文创产品的营销策略

　　博物馆文化创意产品的营销是博物馆整体营销策略的重要内容。直到80年代，作为非营利组织主要组成部分的博物馆都不提倡营销，他们提倡捕鼠器理论，但实际上，包括博物馆在内的非营利组织越来越认识到，只有了解并满足顾客的需求和愿望，才能吸引顾客。"竞争"是博物馆需要营销的主要原因，早期的国家博物馆在"生产导向"的市场上运作，所提供的商品确实可以有效销售。然而，现时社会环境已大不相同，人们在时间、兴趣等方面已变得更有选择性，所以博物馆必须与其他机构竞争。

　　政府财政和社会捐款的减少也迫使博物馆向参观者敞开大门，以吸引观众和赞助商。因此，博物馆的运作模式，从历史上传统的模式，如宝库模式、慈善模式、程序模式、展览模式，逐渐被社会商业模式所取代。无论观众数量的增加是由于外部竞争的压力还是自身的融资需求，都必须在公共企业经营模式的指导下制定和实施博物馆的整体营销战略。

　　一些学者认为，市场营销本质上是一个社会过程，个人或群体在这个过程中买卖和交换彼此的产品和价值，同时满足自己的需求。特别是需求、产品、市场和营销是完成营销过程的基本要素，也是商业和非营利组织活动的基础。学者布瑞特（Bryant）提出，博物馆营销适用于英国营销协会采用的概念，"营销是一种管理功能，可以根据盈利能力识别、预测和满足客户需求。"他在研究中还发现，博物馆成功的营销应该是展馆整体工作的组成部分，而不是单独工作，这种商业营销的观察和经验是结合在一起的。

　　美国博物馆协会则强调，博物馆营销需要一系列的努力，为了解和认同博物馆所创造的价值观、博物馆收藏的文化遗产、知识和服务，提供一个框架，让大众更深入了解和支持博物馆。

这些定义指出了博物馆营销的特殊性，即博物馆等非营利组织的营销策略不同于商业企业追求"利润"的目标和标准。也就是说，它们的目标和标准不同于其他非营利组织。博物馆方面，如何通过文化和生产的发展，而不是通过拥有和使用物品和财富来提高社会福利和生活质量。

因此，对博物馆营销策略的评价有很多方面。参观者是博物馆营销的基础，参观者的数量是标准之一，而服务质量、研究成果、社会互动、资源利用是营销成功的评价指标，特别是在博物馆整体形象方面，不仅是其活动成功的关键，同时也塑造了社会和国家形象。博物馆文化作品和创意产品的营销不仅是有效的"商品销售"那么简单，而且必须在博物馆的整体营销策略中综合考虑，服从和服务于博物馆的核心使命和整体营销目标。

博物馆的整体营销策略包括多个要素，包括博物馆对产品范围的综合定位和规划及博物馆扩大市场的计划。各大博物馆一般都设有特别的市场推广服务，聘用了不少专业人士，例如市场推广员、价格专家、产品专家和公关人员。他们主要从事市场调研，市场划分，营销策略和计划。营销计划包括当前市场分析、市场调查结果、营销目标和财务目标。许多中小型博物馆由于资源不足，缺乏市场推广专家或专业人才，但博物馆可培训员工熟悉市场推广的原则和方法，并从参观人士和会员的角度考虑博物馆的工作。通过制定和有效实施营销策略，博物馆将获得许多好处，如改善外部形象、增加参观人数、赞助商的关注以及增加文化产品的销售。

博物馆营销的主要关键在于：第一，准确界定市场，至于文化创意的博物馆作品的具体行销，则以较多元化的市场为导向，即经常参观博物馆，以及重视博物馆消费人群；第二，偶然前来观光的游客；第三，很少走进博物馆的人群，如何通过有效的营销策略吸引这部分人群，引导他们购物，从而唤起人们对展览博物馆文化的兴趣，这是博物馆营销策略制定的核心内容。

第一节　博物馆文创产品的市场定位策略

博物馆开发文化创意产品和一系列与该产品相关的营销活动，以"人"

为中心，因此，博物馆文化创意产品的营销在很大程度上也是博物馆营销。如何设计完善的营销方案，准确地指导客户，吸引、维持现有的消费者团体，开拓新市场，是博物馆首先要讨论的文化创意产品营销的问题。

一、博物馆开拓产品市场方案

根据整体营销策略，文化创意产品的博物馆营销可以从四个营销方案开始：大众营销、基础营销、市场细分营销和个体营销。[①]

大众营销假设每个人都是博物馆产品的潜在消费者，忽视了消费者行为和偏好的差异，并采用了一致的营销和广告方式。缺点是不能准确地确定客户市场和特定的消费者群体，会导致资源的浪费和效率的不可预测性。

基础营销的重点是对博物馆感兴趣的人群，目的是研究、分析他们的社会背景和性格偏好，以及设计产品和举办展览，以获得最佳的营销效果。

市场细分营销假设市场由不同的行为和偏好改变的团体组成，博物馆会找出他们希望接触的团体，并制订不同的市场细分计划，这些计划可涵盖多个分市场。

个体营销计划意味着博物馆致力于从多方面了解每个消费者，以便通过创建详细的数据库来改进其服务。进行定制营销，为不同的参与者定制不同的产品和经验。

基础营销、细分市场营销和个体营销有其明显的优势。营销可以更好地使其产品适应目标消费者的要求，并将每个目标的价格、销售渠道和营销组合分配给细分市场。各大博物馆可以利用不同的营销计划吸引特定的市场和消费者，而不是使用"大规模"的营销计划来吸引所有潜在的消费者。对于中小型专业博物馆来说，基础营销及个体营销是一种更有效的行销方法，透过为观众制作画册，获取博物馆忠实观众的基本资料，他们的特别模式及订购服务，以维持及拓展这个小型公众市场。

---

① 尼尔·科特勒，菲利普·科特勒.博物馆战略与市场营销[M].潘守勇，等.译.北京燕山出版社，2006.

二、博物馆细分产品市场的变量和方法

博物馆采用细分市场的策略必须参考各种变量，并探讨哪些变量最适合博物馆掌握市场机会，用于细分消费市场的主要变量有四类：地理变量、人口变量、心理变量和行为变量。

地理变量：根据地理变量，博物馆文创所面临的市场群体可分为当地参观者、国内短途游客和国外参观者。博物馆方面假设来自不同地区的游客会寻找不同需求的不同产品。因此，博物馆可以开发不同的项目来吸引来自不同地区的游客。

人口变量：博物馆根据人口统计，按年龄、性别、经济、教育、民族、宗教等，将市场划分为不同的人口组别，进行相应的市场分析。这个变量是市场细分的常用指标，原因：一是消费者需求、产品偏好和利用率与此变量密切相关；二是与大多数其他变量相比，人口数据更容易获得和可测量。

心理变量：即使是处于同一环境下的消费者群体，心理成分也可能不同。因此，博物馆可以根据社会阶层、生活方式、个性特征等，将潜在的消费者分成不同的群体。不同社会群体的兴趣、喜好、习惯和消费观念可能非常多样化，这些变数很容易保持不变，而且是可持续的。不过，即使在某一个社会阶层，消费者也有不同的生活形式，例如偏好、在室内或室外活动、对艺术的兴趣等。博物馆市场研究人员研究人们的活动、兴趣和观点，收集相似的群体进行分析和定位。消费者还可以表现出不同的个性特征，如支配、依赖、外在和内在。博物馆营销人员利用个人变量对市场进行细分，使其产品具有品牌特征，或建立适应消费者个性或自我认同的特定品牌形象。

行为变量：博物馆是根据消费者对所购产品和服务质量、态度和认识水平等行为变量来划分市场的，这些行为变量包括购买时间、追求利益和用户地位等子类别。根据购买时间的不同，消费者可以分为几组。家庭用户通常把参观博物馆视为家庭中的集体休闲娱乐，更喜欢随意购买文化教育产品；艺术爱好者可能参观与广告有关的特别展览或项目，更喜欢购买特殊衍生品；有人到博物馆去寻找冥想和灵感，私人安静的空间下，没有强烈的购买动机；参观博

物馆以了解和欣赏当地游客更喜欢购买具有地区文化特色的产品。基于"追求利益"的消费者群体分化也可能因情况而异。

根据研究，成年人的休闲活动有六个动机或收益追求：与人群交往、做有益的工作、创造有利的环境、获得新的经验、寻找学习机会、获得积极的参与感。不同的兴趣将导致参观博物馆的不同要求及不同的产品购买需求。定期参观博物馆、购买文创品的群体，普遍更注重"做有价值的事""接受新经验挑战""寻求学习机会"的兴趣。相比之下，强调"与人群一起""找到舒适的环境""获得积极参与"等休闲元素，更喜欢运动、郊游、下棋等活动。根据"用户状态"的子值，消费者在购买时的行为可以分为曾经用户、潜在用户和初次用户。虽然在消费者群体中，重度消费的比例可能很小，但这一群体在总消费中所占的比例实际相当大。营销专家试图确定这些不同用户群体的人口特征、心理特征和消费习惯。

如果认识到消费者（顾客、访客、用户）及其服务是博物馆营销的核心，那么营销规划的一个基本要素就是在博物馆制定市场战略的过程中充分运用市场细分、市场定向选择和市场定位的原则。建立文化产品的观众群和消费者群需要识别对博物馆产品感兴趣的个人和群体，以及那些可能有潜在兴趣并能有效影响博物馆营销策略的群体。在第二阶段，博物馆必须决定哪些细分市场既要注重识别新的受众，又要维持现有的客户群体。像其他组织一样，博物馆不可能是每个人唯一的选择，如果他们试图吸引所有用户，就会造成资源浪费。一旦确定了观众的细分市场，博物馆将能够创造一个单一的形象和一系列产品，吸引其目标受众，并使博物馆能够受益于对竞争对手的反应。

三、博物馆定位产品市场的步骤

博物馆确定的产品市场可以分三个阶段进行：市场调查、市场分析和市场评估。

要从外部来源获取信息，首先需要有效地利用市场研究来获取用户和潜在用户特征的信息。市场调查是一项更专业、更详细的工作。博物馆可以聘请经验丰富的专业公司收集市场信息和分析结果，并进行更简单的内部市场研究。通过仔细的规划和充分的信息，博物馆将能够制定更详细的市场计划。定期进行问卷调查可以帮助确定博物馆观众的变化趋势，并厘清为何有些群体不去博物馆。市场研究的资料来自多个来源，包括刊物、未发表的报告、访客人数、博物馆访客行为观察结果、内部问卷调查、观众及潜在观众访谈、团体预定、书籍评论、博物馆网站、社交网络评论等。

在根据市场研究搜集足够资料后，博物馆的市场部会继续分析研究这些资料及数据。其他资料来源，例如中央和地方政府提供的家庭文化服务或文化产品消费数据、不同团体对市场类别刊物的兴趣和看法、地方市场资料等，也可作为这一过程的一部分，当地贸易组织和企业家现有的、在科学期刊上发表的关于博物馆事务的研究材料、咨询公司关于博物馆未来发展的报告等。博物馆必须把它们希望拥有或实际上已经占有的市场份额与其他博物馆的市场份额进行比较，并与往年进行纵向比较，分析优缺点、挑战和机会，以便更好地了解博物馆在供求两方面应如何适应共同市场。

最后，博物馆必须对市场进行评估，才能准确地确定客户群、确定博物馆所需的产品和服务，同时，博物馆需要清醒地思考当前或计划中的情况，检查其产品的服务范围和质量以及经验。市场评估结果上报博物馆最高管理层和市场部后，将积极推动产品开发市场的更新开放。

第二节　博物馆文创产品的分类定价策略

一、博物馆开发文化创意产品的分类方法

博物馆文化创意产品在开发初期，包括基于市场定位的营销思维，以博物馆内特定受众的市场利益为导向，消费能力强，开发适合营销的产品种类。因此，必须坚持一定的分类原则，使博物馆发展的产品种类能够更成功地销售，并为市场所接受。原则上，分类中最重要的一点是产品开发应与博物馆藏品和展览紧密联系，以促进博物馆的主要目标和发挥其教育功能；另外，为博物馆所面对的特定受众实现市场多元化。

（一）与博物馆主题和目标具有相关性

博物馆文化创意产品不同于普通商品的特殊性在于它必须发挥文化启蒙、传播和审美交流的功能，必须与博物馆展品的种类紧密联系，宣传不能是经济利益的唯一目的，必须是社会效益为首要指标，扮演"最后一个展馆"的角色。从消费者的角度来看，展品符合博物馆文化和展览的主题。更多唤起展会上的回忆和期待，唤起购物欲望。

作为一种商业形式，博物馆也可能面临来自竞争对手的限制和压力，因为博物馆是典型的非营利组织。例如，美国博物馆的商业竞争对手经常向税务局施加压力，限制博物馆免税和慈善捐款的特权，以阻止博物馆商店的扩张、商品种类的增加和分支机构的增加。美国国税局还定期检查博物馆商店，以确保它们只销售那些与博物馆展品有关并具有一定教育价值的物品。有些博物馆自愿缴纳所谓的商品所得税，与博物馆的展品或使命关系不大。

（二）针对分众市场的多样化开发

博物馆将市场导向特定的消费者群体，针对性地发展文化创意产品，通常能提供更高的销售业绩。研究从美国美术馆、大英博物馆、台北故宫博物院、北京故宫博物院等典型的大型博物馆中选取网店实例，分析了其所销售产品的结构和数量。

美国大都会艺术博物馆网上商店出售的物品分为八类：首饰及钟表、雕像、书籍、印刷品及明信片、家居用品、文具用品、儿童用品及服饰配饰。

大英博物馆网上商店出售与大都会博物馆同类的物品，分为首饰、雕像、书籍及录影带、家居及办公室用品、衣物及用品、儿童用品六类。

截至2016年底，北京故宫博物院已开发出9000多种文化创意产品，但在电商平台上销售的数量仅限于"故宫文创"和"故宫出版"这两大网店，"故宫出版"专卖故宫博物院出版社出版的各种图书。按照主题，在"书画""生活馆""历史博物馆""建筑""珍宝博物馆""家具""陶瓷""期刊""宫经典""藏品"、等栏目下进行。"故宫文创"的产品分为"天子童年""故宫笔记""家居家具""创意生活"等品种。

以上博物馆网店销售的产品种类比较表明，国内外博物馆开发的创意产品种类较为单一。故宫博物院品种、透过线上销售的产品数量，与美国大都会美术馆、大英博物馆等国际知名博物馆相比，仍有相当大的差异。

在细分市场营销上，美国大都会博物馆和大英博物馆等的发展领域，亲子家庭作为博物馆游客的重要群体受到了特别关注。大都会艺术馆也提供可适用于五个年龄组别的产品：2岁以下、3~4岁、5~8岁、9~11岁及12岁或以上。大英博物馆的儿童物品分为八类，主题分别为：学校用品、兔子系列、儿童服装、儿童文具、埃及玩偶、儿童书籍、服饰、玩具。台北的故宫博物院和北京的故宫博物院，都没有专门的儿童用品销售型态，而是混合其他类型存在。

除了售卖儿童用品外，大都会艺术博物馆及大英博物馆也会向男女人士推荐有关礼品。例如，要进入大都会艺术博物馆以圣诞礼物为主题的网店，不仅可以选择"送给他的礼物""送给她的礼物""送给孩子的礼物"，还可以选择三种不同的价位，分别为：100美元以下、50美元以下、25美元以下，以及"节日礼物""大都市奢侈品""填充袜子的礼物"等选择。大英博物馆也有类似的条件，允许不同性别和年龄的人单独订购礼物。

不过，在网店销售上，故宫在台北故宫博物院则没有这样的导航，说明销售市场的位置和发展仍有不足。

二、博物馆营销文化创意产品的定价策略

定价策略是市场营销的主要策略之一。博物馆通过制定分级和多样化的产品价格，结合广告宣传和折扣等共同定价策略，并根据博物馆产品的特殊性实施心理定价策略，为创意文化作品的营销作出了重大贡献。

（一）分层定价策略

由于文化产品参观者和消费者的博物馆市场多种多样，其成员包括不同年龄、性别和背景的人，他们表现出不同的兴趣，持有不同的消费观念，并具有消费能力。因此，博物馆必须为文化创意产品制定多样化和差别化的价格，以吸引更多的消费者。

以大都会博物馆的网店为例，最低价是文具用品。通常不超过25美元；其次是属于有子女家庭的主要消费者群体的儿童产品，定价不到50美元；书

籍、明信片和其他出版物的价格一般不超过75美元；平均价格最高的是微型雕塑模型和珠宝，基本上超过100美元。服饰及家居用品的价格灵活多样，涵盖不同的价格区间。

（二）促销定价策略

许多博物馆商店都采用广告策略来推广他们的产品，而有效、主题性强、定义明确的广告宣传活动让顾客感到有用，从而建立起永久不变的消费者群体。以博物馆的网店为例子，通过结合节日活动策略、主题广告和易于销售的商品的营销，可以产生积极的营销影响。

首先，利用假期等特别日子，进行主题宣传活动。圣诞节是西方一个重要的传统节日，所有主要的博物馆商店都利用这个机会进行主题营销。以大都会艺术博物馆的网店为例，在正式圣诞节前一个月，网站广泛宣传，挑选了适合节日礼物的商品，并在节日气氛中特别订购创意产品，供国内外购买。

由于文化商品的特殊性和固有的文化特征，主题营销也是一种常见的手段。自2017年1月以来，北京故宫博物院网站每月都会举办一系列文艺宣传活动，并在网站上放置"主题索引"，在那里可以看到所有的主题产品。这些宣传活动，将节日、典礼、展览、季节等主题结合在一起，结合精心设计的文字、图画和导航，相当生动别致，特别是在为准备购买博物馆文化产品的特定人群营销方面，效果突出。

许多博物馆商店都在开展促销活动，推销特别的商品，例如受欢迎商品和新上架商品。在纽约大都会艺术博物馆、大英博物馆等网店的网页上，你可以找到"最受欢迎商品"的链接，利用消费者名单上最受欢迎的产品，激发购买欲望。这类商品通常广受好评，要么在美学上很有吸引力，要么很实用，要么代表了著名收藏品的衍生产品，因此用户很容易购买。此外，对博物馆生产的新产品应进行适当的宣传，引起公众的注意。大都会和大英博物馆等博物馆也提供新商品发布时间的排名。

（三）折扣定价策略

博物馆可以通过在淡季推出特价，有效地增加销售量。博物馆会员的购物折扣是整合会员的重要工具。

博物馆和大英博物馆的几乎每一件物品都有两类价格：非成员的普通价

格和会员价格。一般消费者通常可获八折至九折优惠。例如，大英博物馆出售了一只刻有"莎士比亚十四行诗"字样的银手镯，它的定价是，一般消费者售价110英镑，会员价格只需99英镑。大都市艺术博物馆里昂贵的"短跑者雕塑"，会员价优惠了100美元，所以会员价格还是有优势的，对于那些热衷于不断购买博物馆商品的顾客来说，加入会员有一定的诱惑力来实现节约。

大型博物馆商店经常提供"特价产品"折扣，力度不超过5%。此外，博物馆也会定期举办季节性、假日及其他优惠活动，以达到增加销售量的目的。

（四）心理定价策略

博物馆的文化创意产品具有很高的情感价值，除追求材料制作与品质、美学之外，购买这类产品的动机往往与声望、声誉、地位等有关，心理定价策略是博物馆在产品定价时的主要策略之一。在影响博物馆文物价格的因素中，再加上其文化价值、名人效应、博物馆品牌等无形因素，决定了博物馆普通商品价格高于同等商品的质量和功能。此外，消费者乐于支付博物馆文化价值略高于市场价格，以期获得特殊的心理感受，如认同感、荣誉感，这也是博物馆文化遗产的独特价值。

博物馆利用消费者心理，通过手工定制、限制销售等方式增加产品附加值。在大都会艺术博物馆网络上销售的所有产品中，土耳其地毯的价格最高，售价高达2450美元。价格高昂的主要原因是原材料价格高（由新西兰羊毛和天然丝纤维制成，使用植物染料），手工限制生产（尼泊尔纯手工制作，限量版100张）以及主要在大都会地区生产的特殊产品（仅在博物馆出售）。此外，大都会艺术博物馆网站也多次提醒消费者，你的购买将有助于收藏、研究、保护和展出具有5000年历史的艺术品。

第三节　博物馆文创产品的渠道开拓策略

博物馆开发文化创意产品后，选择和设计合适的营销渠道或商品销售渠道，使产品成功地触及目标消费者，是重要的营销策略之一。博物馆的渠道开拓策略直接影响其他的营销策略，例如定价分类学政策，关乎博物馆是否采用互联网渠道或实体商店等销售渠道。博物馆市场部门应通过分析消费者需求、确定替代渠道、评估主要渠道方案、开发国际分销渠道等，制定渠道发展战略。总的来说，博物馆文化创意产品的营销分为实体和网络两大类。

一、博物馆商店的多重经济属性和成功运营要素

博物馆的实体营销渠道一般指博物馆店。莎伦·迈克唐纳德（Sharon Macdonald）曾主张博物馆商店是一个多重经济体，博物馆商店内的消费行为是一种文化现象，是一个观众和物品进行文化对话的空间。商店是博物馆展示室的延伸伙伴，两者既有关联性也有差异。在展示室里，观众不能触摸展示品，只能在店里感受与展示品相关的东西或复制品。展品稳定，商店里的物品流动性强，通过购买行为，观众可以获得该物品的所有权。萨伦将博物馆店的多重经济总结为5点。一是财政经济，一个商店给博物馆带来了财政收入。二是博物馆学习经济，商店延长博物馆展览会。三是感觉经济，观众可以通过触摸商品获得展示室无法获得的体验。四是所有权经济，观众通过购买获得商品的物品权。五是物质意义经济，商品打破了作为文化的物品和作为商品的物品之间的二元对立，被赋予了一定意义的叙述和回忆功能。[1]

博物馆店的合理经营是保证营销策略成功实施的基础。在博物馆商店里，道德规范应该高于普通商店，因为它们具有特殊的教育功能。纽约现代艺术博物馆商品部在世界博物馆和商店协会2005年春季出版的一本杂志中报告说："博物馆商店有义务努力提高质量，并确保所销售商品的内容符合博物馆的使命"；'选择商品是不断寻求文化与贸易的平衡。"[2]在建立博物馆商店时，必须遵循以下原则。

符合博物馆的总体目标和宗旨。博物馆在制定经营商店的目标时，应考虑更广泛的教育目标，协助博物馆达成教育目标，其次达成最大的经济效益，最后协助推行博物馆的整体营销策略。

---

[1] 林辉, 高羽鑫, 漆婷婷, 等. 博物馆文化创意产品消费者行为分析——以金沙遗址博物馆为例[J]中国博物馆. 2016（2）: 106-111.

[2] 黄光男. 博物馆行销策略——新世纪新方向. [J]台湾: 艺术家出版社, 1997（10）: 94.

确保商店只售卖与展览及文物有关的物品，并提高公众对展览的认识，以达成其娱乐目的。

　　选择合适的地点开放博物馆，以避免噪声滋扰及妨碍博物馆的正常运作，以及吸引参观者。

　　作为推广工作的支援，博物馆在经济收入中占相当大的比重。

　　账目管理、预算编制及管理委员会批准。

　　按影响博物馆经营管理的主要因素，整体环境、路线规划、商品设计、展览、服务人员等发挥作用，环境优雅清洁，路线设计合理，商品醒目，陈列美观便利，友好礼貌的服务等有利于形成博物馆商店的整体形象，也有利于实现博物馆创意产品。

　　博物馆应制定并实施"博物馆商店管理办法"，组建有凝聚力、有竞争力的商店管理小组，由至少三个小组组成：商品开发小组、营销小组和财务会计小组。此外，还需要配备营业人员和服务人员。团队成员群策群力，致力于优质商品的开发、详细的成本计划、合理的库存管理、高效的人事管理、吸引人的视觉营销、专业的展示方式，并为店内提供安全、舒适、愉快的真实环境，并以专业、善意、亲切的态度接待来访者。销售人员在业务层面接触客户，代表形象博物馆，必须具备统一的培训，具备一定的营销技能和外语能力。了解商品的文化内容和与客人沟通的能力，态度和服务也很重要。商店的管理人员和服务人员必须清楚了解博物馆的总体目标，以便准确地评估他们所销售的商品是否符合他们希望传递给博物馆的信息，并取得良好的沟通效果。

　　博物馆必须为每一种商品准备说明书，即使是店里最有趣、最具教育价值的商品，如果不加以描述，也可能显得不完整。博物馆商店可以以商标、包装纸和购物袋的形式树立强有力的品牌形象，并通过展示卡、展览和商店设计提升和加强博物馆的整体形象。此外，把博物馆Logo印在包装上，例如商品袋和购物袋，也可以起到无形宣传的作用。

　　博物馆商店应设在参观者必须经过的地方，例如入口附近，让参观者进入商店，仿佛进入另一个可以进入的展厅，而这个展馆的展品可以随身带回家。与史密森机构一样，国家画廊博物馆东西两馆之间的通道是博物馆商店陈设的重点；英国的维多利亚和阿尔伯特博物馆位于正门的中心；在法国卢浮宫，地下有50多家艺术商店；蓬皮杜艺术中心、奥赛美术馆等也设置商店作为观众休闲场所，这些商店的客流量有时甚至高于博物馆本身。

设立分馆是扩大博物馆商店营销的有力手段，但分馆的数量和选址都需要认真研究，也需要综合考虑博物馆经费是否充足、团队是否可靠、地理环境是否适宜等问题。博物馆的分馆通常设在购物中心、机场和其他人流密集处。例如，纽约大都会博物馆除第五大道的一般商店外，还在纽约、新泽西和澳大利亚、墨西哥、泰国等地开设了15家分店。

二、新媒体时代中外博物馆网络营销的优势与不足

博物馆的营销目标之一，是在远远超出其建筑界限的地方，尽量为参观者、其产品和服务提供最广泛的途径和便利，以及接触、评估和采购博物馆产品，这是博物馆教育目标的中心内容之一。为了使博物馆能够以最有效的方式扩大其资源，必须解决以下关键问题：销售的目的是什么？目标受众有哪些？哪种销售方式和途径最适合目标受众？如何衡量效率？不同销售方式和渠道的成本效益是什么？通过对这些问题的分析，揭示了博物馆教育营销渠道的不足，也为在互联网技术支持下利用网络营销渠道的独特优势提供了机会。

博物馆商店建筑成本高，受时间和空间的限制较强，缺乏营销功能。互联网渠道可以有效地克服或消除这些缺陷。首先，网络销售节省了成本。博物馆实体商店需要更广阔空间、场地，需要支付人工、水电、租金等经济成本。其次，通过网络销售突破了实体店的时空限制。博物馆商店在无形中局限于博物馆人流，往往在淡季客流不多，晚上需要停止营业。然而，博物馆生产文化创意产品的能力并不需要区分淡、旺季，民众对它的需求随时可能出现。从空间角度看，真正的商店只能覆盖博物馆和机场以及购物中心的部分游客。而博物馆文化创意产品的可能性和覆盖面则具有地域性、区域性和空间性。互联网营销可以24小时不间断地进行，不受淡、旺季的影响。再次，网络渠道在营销方面有很好的宣传效果。在互联网时代，消费者乐于通过论坛、微博、微信等分享博物馆文化创意产品。最后，网络营销的消费者更有粘性。互联网用户非常依赖于互联网购买，因为它具有高效、快速和不受限的特性。互联网消费对

用户非常有吸引力，有助于提高消费者的忠诚度，创造更多的"意向客户"。

网上商店的博物馆建设和营销是一项非常复杂的工作，需要参与品牌宣传、网页设计、运营管理、营销等专业领域。目前在国家博物馆，网店人才短缺是最明显的现象，亟待从文化和人才发展、人才队伍建设等方面予以支撑。

在设计博物馆网店时，应突出品牌意识强，形成独具特色、高度专业化的风格，符合教育博物馆的整体风格，采用统一的LOGO商标，建立统一的VI系统。产品展示要细致，说明其创意来源，与展品的紧密联系和设计的原创性，精心设计的文字和地图，吸引消费者参与文化和审美设计。

利用网络营销的强大特点，博物馆网店应注重产品质量，注重提高网上和线下服务质量，努力获得用户的好评，为消费者提供完美的购物体验。如天猫旗舰店故宫文创目前是"符合性描述""服务态度""物流服务"等项被评为4.9分的高分店铺；顾客的评价也是大都市等博物馆网店的特色之一，不仅是为了追求高评价以增加销售量，而且更注重评价顾客自身的参考作用，也为那些负责产品开发的工作人员提供参考和反馈。举例来说，大都会艺术博物馆的网店"顾客评价"以"最佳正面评价"和"最中肯的负面评价"为重点，鼓励消费者评估该评价对自己的购买行为是否有帮助。

消费者购买商品后，大都会艺术博物馆网店也有丰富的"评价"页面内容，首先需要消费者进行总体打分，写"评价题目""具体评论内容"，选择添加图片。具体来说，可以回答："你会把这件商品推荐给朋友吗？""这是作为礼物吗？""你会向朋友推荐大都会艺术博物馆吗？请按推荐从0分到10分打分。"最后，鼓励消费者提供姓名、地址、邮箱等，以便于后续进行营销。

此外，在网站建设上，与国内博物馆网店相比，英国大都会艺术博物馆更考虑到文学产品的原创性特点和客户的实际需求，提供多种形式的搜索整理，方便客户主动搜索。除按价格、商品类型进行常规搜索外，还可以按风格、展览、收藏、地区等进行搜索。

除了开设网店，博物馆还充分利用手机客户端等新媒体进行营销。

许多博物馆和市场营销人员将微博视为"秘密武器"，博物馆可以通过官方微博链接到网店，在微博上发布原创产品，添加视频、图片等元素，在宣传博物馆文化的同时全面展示产品信息。

与微博相比，目前微信的覆盖面和营销功能更为强大。博物馆可以建立文化创意产品的微型商店，并在"微信"公众平台传播有关这些产品的信息。用户只需关注博物馆的微信公众号，即可第一时间获得原创产品的动态信息，并通过微信网店购买产品。

据统计，截至2016年2月底，全国96家一级博物馆共开通微信公众号65个，占68%。其中34个为服务号，31个为订阅号。服务号可以通过微店等产品的技术界面访问，观众可以获得即时提醒。不过，这些公众号只有北京的故宫博物院和上海博物馆，是可以直接线上购物的微店。上海文博馆仅设立了淘宝旗舰店链接，这说明当前我国博物馆微信营销功能尚未建成。

近年来，博物馆的App计划有了很大的进展，主要是以展示文物资料、博物馆展品和部分游戏App的形式。根据研究结果，有经验的观众依靠App自主参观学习，主要是获取信息；进阶型受众已经不能满足App提供的文本内容，而需要更多的多媒体内容来吸引关注；成熟型观众需要更高水平的App功能，认为通过App进行互动是必要和有吸引力的。[1]事实上，博物馆完全可以融入文化创意产品的App，打造博物馆全方位的服务，拓宽销售渠道。

在互联网蓬勃发展的时代，微博、微信、App、网店等电商渠道应运而生。由于其超越时间限制、便捷高效的优势，而逐渐成为博物馆作品营销推广的主渠道。技术升级更新是国内、外博物馆的当务之急。但同时，作为一个人性化、社会化的文化机构，博物馆也要更加注重为消费者提供优质、细致、全面的服务，精心设计项目、绘制图表、关注客户体验，加强售前、中间和售后服务，建立有效的反馈机制，提高博物馆作品的销售量，有效发挥社会教育、公共服务的基本功能。

---

[1] 湛文甫，辛治宁. 观众对博物馆App行动服务品质的想望. [J]博物馆学季刊，2017, 31（2）：7-29.

第四节　博物馆文创产品的品牌推广策略

博物馆作为一个整体，品牌形象和宣传在创意文化产品的营销中起着关键作用，这一点不容忽视。博物馆品牌的定义是指设计博物馆的形象、价值和产品，以突出其与众不同的特色，不同于其他博物馆和休闲、教育等领域的竞争对手，是消费者所熟知和重视的。博物馆准确定位和塑造有效品牌形象的能力取决于它对其优缺点、特色产品和市场状况的准确分析。每个博物馆都应致力于在公众心目中树立自己的声誉，使其特色得以明确界定，不致与其他博物馆及休闲组织混为一谈。

为塑造博物馆形象，采用了三种定位策略：属性定位，如"参观率最高的博物馆""艺术品最古老的博物馆"等；兴趣取向，如"互动博物馆""提供宁静沉思环境的博物馆""趣味和认知型博物馆"等；用户定位，如"儿童博物馆""社区博物馆"等。越来越多的博物馆提供不同的元素，从而形成自身的形象，如服务分化、优质餐饮、购物方便、技术差异等。从受欢迎程度和喜好两个方面都可以欣赏到博物馆积极而吸引人的形象。博物馆对市场目标群体进行调查，受访者被要求评估他们对博物馆的认识程度（从"完全不熟悉"到"深刻理解"），如果他们中的大多数人选择"完全不熟悉"或"至少有一个想法"，这表明博物馆在认识的重要性方面存在重大问题。至于选择熟悉博物馆的团体，则会被要求评估对博物馆产品的观感（由"非常不喜欢"到"非常喜欢"），如果大部分被访者选择"非常不喜欢"或"无所谓"，则表示博物馆在形象方面遇到非常严重的问题，博物馆开发高质量的文化创意产品，并实施有效的营销策略，可以显著提高博物馆的知名度，树立博物馆的正面形象。

组织品牌形象是通过消费者广泛的研究创造的一种信息传播手段，目的是引起人们对商标等视觉标志的关注，这些标志必须简单、直接、突出、动态、令人难忘。这种形象一旦建立，将会伴随着消费者对其质量、可靠性、信誉和质量期望的一系列积极的看法。由于文化创意产品的流通，博物馆在购物袋、产品表面、礼品店设计、宣传册、会员卡、信封等相关材料中经常出现商标，使博物馆标志的形象得以广泛传播。而且，通过广告和直接营销等有偿宣传手段，以及公关等免费营销方式，可以更有效地塑造博物馆的形象，从而促进创意文化产品的销售。

一、广告营销

作为主要的付费广告工具，在博物馆内发布的广告可分为以下几类：普通广告（长期树立博物馆形象）、临时产品广告（特别展览或特别收藏时推出）、分类广告（发布特定事件信息）和促销广告（宣传新会员计划等）。广告的不足之处在于，虽然信息可以很快地传播给许多人，但不能保证其有效性；目标不够明确，在与人的直接沟通中缺乏说服力；单线传播方式缺乏反馈和反应；成本很难评估实际效率；等等。因此，虽然广告是商业组织普遍接受的营销方法，但在可动用的有限资金范围内，广告不可能是唯一或首选的传播手段。

一个有效的广告项目，包括策划广告文案、确定广告预算、设计广告信息、选择广告手段、协调发布时间和评估多个阶段的广告效果。

实施广告项目的第一步是策划广告文案，即确定目标受众（预计广告将覆盖哪些人），确定市场的精确定位（博物馆如何提供价值和竞争力），预测反馈（预计受众会对广告作出的反应）和确定周期（实现广告目标需要多长时间）。

在设计广告信息步骤时，广告信息的基本要素是：开场震撼、主题聚焦、语言清晰、形象生动、结尾创意的效果。馆内的宣传资料共有六种类型：家庭式舞台宣传资料，旨在向观众展示亲子共访的画面；生活类广告旨在强调博物馆作为提高生活质量手段的价值；可以表达优雅，年轻人们一起欣赏艺术作品；虚拟想象广告信息旨在为展览创造一种神秘的气氛或想象空间，例如号召观众"体验史前恐龙时代的氛围"；广告的情感印象旨在唤起观众心目中的某种感觉或形象，就像植物园发布了一则情侣在花园里嬉戏的梦幻形象广告；专家通过评论展览和收藏品的特点和价值，评估博物馆专家和研究人员的广告信息价值，经过良好口碑认证过的广告信息，提供了对博物馆提供的展览和服务的了解，提供了专业人士的信任、认可和好评。

广告效果对媒体选择出版有很大影响。博物馆应该考虑选择最有效的媒体。首先要研究目标受众在媒体中的习惯。举例来说，在以老年参观者为主的博物馆里，选择纸媒宣传可能会更有效，但明显不适用于青少年。其次，不同媒体在覆盖范围、频次和影响力等方面的优势需要进行比较，比如艺术类博物馆在致力于高端时尚和商业的杂志上刊登广告，这无疑会比以民俗信息和娱乐为主要内容的新闻八卦具有更大的效果。预算也需要考虑，电视广告价格稍贵，在电台和杂志上刊登广告相对便宜，在报纸上刊登广告最优惠，博物馆必须综合计算。

广告发布时间也会影响实际效果，如果博物馆现时没有新的展览，则只需刊登一些经常性的广告，便可作为永久性宣传计划的一部分，以维持公众的印象。不过，当展览开幕时，由于博物馆希望在展览初期吸引大量参观者，获得一个能产生话题效果的口碑，因此会集中在同期发布爆炸性广告。如果博物馆已经达到了客流量拥挤的程度，那么博物馆方面则会削减广告费用，改为定期宣传计划。在大型展览中采用爆炸性的宣传计划，在其他时间则采用持续性的宣传计划，以此在公众心目中制造深刻的博物馆印象。

广告效果评估常被博物馆忽略，其实它是实施广告营销策略的一个重要环节，包括文字内容测试、媒体测试和投放比例测试。在对广告宣传进行初步测试时，应按吸引力、理解力、认知力、效力和行动力等指标对广告宣传的排名进行评估，使广告播出后能够有效地激发购买行为。在播放广告后，对信息和媒体进行回顾性测试，以确定是否达到了传播目标以及实现这些目标的结果，从而评估广告的预期效果。

二、直接营销

博物馆是直接营销的主要消费者，与其他销售类型相比，直接营销在选择潜在受众、个性化信息、建立客户关系、灵活安排、有效吸引眼球等方面具有优势。直接营销包括直接发送邮件和电话营销。

直接发送邮件是博物馆保存现有顾客、会员和招募新会员的工具。据美国的一项调查显示，直接发送邮件比所有其他类型的营销都更有效。在各种营销手段中，直接发送邮件的针对性更强，通常人们更注重自身感兴趣的信息。营销人员需要分析博物馆参观者的特点，筛选最有可能参观博物馆并在商店消费的人群直接发送邮件。

直接发送邮件可将详细资料传送给不同组别，但不能传送个别人士可能需要的准确资料，也不能即时获得回馈。这一缺陷可以通过电话营销来弥补。电话销售人员用简洁的语言描述博物馆产品的特点、价值，并回答受访者的问题。不管电话营销的结果如何，后续的邮件广告都是必要的，因为电话营销往往具有延迟效应。通常，人们不能在电话中快速作出决定。信件应在电话交谈后尽快寄出，以感谢买家接受访问邀请，并强调提出的最重要部分和最优价值。综合运用各种直接营销方式也被证明是非常有效的，多样化的传播渠道、多层次的营销可以达到单一营销所不能达到的效果。例如，综合营销"具有付费广告响应机制-直销-电话营销-连续营销"，使客户能够不断获得信息，从而加深印象，最后给出反馈。

三、公共关系经营

这项活动的重点是向顾客提供有关机构及其产品的可靠资料和印象，以及满足顾客的需要、期望、关注和兴趣，从而刺激消费，提高顾客的满意度，特别包括通过扩大非营利媒体活动，为机构创造收入。

博物馆的公共活动可以是主动的，也可以是被动的。积极的公关活动影响公众对博物馆的认识，博物馆塑造了积极的形象，促进了展览和收藏的文化价值。

博物馆的公关活动分为四类：形象创意、产品发行、财务开放和内部沟通，以各种方式提供博物馆及其服务的信息。主要的公关工具是事件、社区关系、媒体关系、媒体报道、公共广告、访谈、讲座和小册子。博物馆的所有方案都应包括有助于博物馆实现其目标的战略。博物馆公关活动的主要步骤包括鉴定与博物馆有关的团体、评估博物馆形象、确定关键市场的形象塑造任务、评估策略的成本效益、做好危机公关、选择特定的沟通手段、举办活动及评估其成效。博物馆的社会人士应经常与有影响力的社会专栏作家、评论员和编辑保持联系，使他们及时了解博物馆的活动和成果，发展和保持与媒体的长期友好关系，确保新闻稿及时发表，与博物馆有关，并不断进行积极的媒体报道。

第九章　博物馆文创产业现实发展中的困境及解决方案

　　长期以来，博物馆作为一个从事非营利活动的重要的社会文化机构，主要由政府拨款资助。虽然自20世纪80年代起，博物馆开始逐步研究商业活动，但由于社会效用和取向，博物馆的商业活动，包括文化创意产品的开发，并没有得到进一步的发展。政府有关博物馆管理的各项条例，也没有特别强调博物馆的管理。随着文化创意产业的鼎盛时期和创意经济在国民经济结构中的作用日益增强，以及博物馆专业人员与西方博物馆之间的国际交流频繁，博物馆文化和收藏价值越来越受到重视，博物馆作为重要文化资源的巨大潜力引起了政府和公众的关注。

　　2015年通过了新修订的《博物馆条例》，要求博物馆积极发展馆藏衍生产品，为博物馆发展文化创意产业提供了法律依据。2015~2017年，国务院、文化部、国家文物局等先后发布一系列重要政策性文件，保障博物馆发展创意产业。针对中国博物馆文化创意产品发展存在的重大问题，从体制改革、创新发展模式、人才支持、提高研发水平、搭建支撑平台等方面给与支持。此外，2014~2017年，政府推出四项周边战略，推动博物馆创意产业跨境融合发展，进一步保障了博物馆创意文化发展的资金来源和实现途径。

　　上述条例确定了博物馆文化创意产业的法律基础、发展目标、发展手段、阶段性任务及实现途径，但同时也反映了该产业存在的诸多问题。博物馆创意链条的前端、中端和后端受到博物馆、企业、设计师、公众、政府、消费环境等因素的影响和制约。从产业链一开始，博物馆文化创意产品的发展就受到两个瓶颈的制约：财政和人才，尤其是中小规模博物馆。博物馆没有充分认识到公共博物馆追求经济效益的合法性和必要性。它们对博物馆文化创意的概念认识过于狭隘和偏颇，博物馆现有的制度安排阻碍了博物馆的正常发展。在产业链的中心部分，社会力量参与水平低、企业投资意愿弱、产品设计水平低，进一步阻碍了产业的顺利运行。从生产链的后端来看，在消费层面，由于中国艺术教育体系的缺陷，大量艺术欣赏和艺术消费群体尚未建立，文化创意产品博物馆在市场定位不够明确，销售渠道没有得到广泛发展，新媒体没有得到充分利用。这些问题导致博物馆文化创意产品供应链与销售链脱节。此外，从博物馆文化创意的外部环境和整体发展来看，区域性的不平衡和规模的不平衡尤为明显，支持政策的实施有效性也不容乐观。

第一节　博物馆文创产业开发存在的现实因素制约

一、观念、体制、资金、人才的多重制约

（一）博物馆从业者对文化创意产业存在认识不足

博物馆专家质疑博物馆文化创意产业的合法性和合理性，对博物馆文化创意产业的内容和形式的狭隘理解。由于公众对博物馆的定义一直强调"非营利活动"，在文化领域属于公共文化服务范畴，强调公共利益。博物馆能否从事商业活动并获得经济效益，长期以来一直是博物馆间争论和误解的焦点。概念上的局限性使中国博物馆在发展创意文化产业的道路上陷入了僵局。

即使在新的博物馆法通过后，博物馆发展文化创意产品的可行性和必要性也得到了法律的承认，从而克服了博物馆经济经营理念的局限性，而对"博物馆文化创意"的狭隘理解进一步制约了该行业的成功发展。许多博物馆工作者将博物馆的文化创意产业与文化创意产品的发展等同起来，"文化创意产品"的概念含糊不清，博物馆纪念品、博物馆商品或补充收入的辅助手段也是如此。他们没有充分认识到博物馆文化创意产品不同于普通文化价值和商品的特殊教育价值、情感价值、经济价值和审美价值，对如何合理利用艺术品缺乏感性知识和理性思考。大多数博物馆工作人员不了解博物馆文化创意产业的多样性，导致博物馆文化创意产品的发展，其独特性、信息量少、效率低下。

（二）博物馆旧体制机制制约产业创新发展

在博物馆的组织结构中，大多数国家的博物馆都采用了旧式架构，其中藏品、展览是主要的运作功能，没有专门的市场部门或文化创意部。而国外成熟的文化创意发展博物馆，大多有市场营销、开发、公关等文化创意专业团体，汇集了各种设计、行销、管理等人才。尽管近年来中国博物馆十分重视文化的创意管理，如一些省级博物馆专门成立了创意文化创意小组，如南京文化博物馆、湖南省博物馆文化产业发展中心、故宫博物院文创部等。然而，它们在人员数量和专业化方面与国际博物馆有一定差距。博物馆的市场部门一般处于边缘地位，其资源一般集中在藏品、展览等方面。文化创意的发展往往会经历"人、财、物"的巨大差距。

博物馆作为重要的文化机构，在收入分配机制和相应的激励措施的运作上受到限制。根据国家法规，博物馆文化创意活动的收入可以用于文化创意产品的开发，也可以弥补预算和资金缺口。但是，根据现行的生产单位财务审计制度，所有收到的收入都应列入财务预算；理论上有收支两条线，但在实践中，预算往往从经营收入中扣除。因此，由于博物馆缺乏有效的收入分配制度和鼓励文化创意产品发展的激励措施，博物馆工作人员在开展文化创意活动方面的活动较少。

（三）资金瓶颈制约博物馆文化创意产业发展

与欧美资金来源多元化的情况不同，博物馆经费主要来自政府资金、社会捐款和基金会支持，资金来源相对单一。博物馆免费开放后，资金短缺问题日益严重。政府只资助大部分博物馆的日常活动，并没有特别为文化创新的研究、发展和设计预留资金。同时，由于得不到社会资助，博物馆文化创意产业的发展受到阻碍，各文化产业的资金大多没有纳入其中。根据政府的最新条例，鼓励博物馆透过公开宣传活动，筹集资金发展文化创意产品。但与其他文化举措一样，由于缺乏统一的价值评估标准，投资风险高，投资周期短，文化博物馆创意团队难以吸引企业和社会的投资。此外，我国目前缺乏美国等发达国家愿意免费支持创意的文化环境，这是博物馆文化创意的主要障碍之一。

（四）人才瓶颈制约博物馆文化创意产业发展

除资金不足外，缺乏创意人才也是博物馆文化创意发展的主要障碍之一。据统计，在北京的全部劳动人口中，文化创意产业从业人员仅占1％。在纽约，创意工作者的比例为12％，伦敦为14％，东京为15％。其中，对博物馆文化表现出浓厚兴趣和深刻理解的人寥寥无几。文化、设计、营销、管理、复合型人才缺乏，既反映了博物馆相关行业人才的紧缺，也反映了文化创意企业集体和文化人才城市结构形成的不足。

其原因无疑与现行教育制度的不完善密切相关。大学创意设计专业化程度较低，课程不合理，课程与公众需求脱节，当前教育环境下忽略艺术美育，学生创新与创意能力发展不足，对中国传统文化知识教学的重视不够，综合造成高质量创意人才供给不足。

此外，作为博物馆内的企业、薪酬制度和激励机制，长期无法有效吸引高端复合创意人才，其保守的经营理念不利于创造创新的创意环境。

二、研发设计水平和授权模式需要升级

（一）产品的严重均质化和表面处理

由于国内缺乏高素质的创意人才，博物馆文化创意产品的总体设计水平不高。产品品种的同质性，对文化价值的认识是肤浅的，文化元素运用是单一的，产品设计不是实用的或时尚的审美趣味，产品质量粗糙是博物馆文化创意的普遍问题。雅致的品位、时尚的品位和文化魅力未能在创意产品中实现有机统一。中小型博物馆无法深入挖掘自身特色，盲目复制复制大型博物馆的文化创意产品，造成销售不足。各大博物馆对文物收藏的内容缺乏深入了解和创造性的改造，过分适应市场，完全从国外的文化博物馆和创意产品中提取。对市场的占领并没有伴随着正确的历史和文化价值的有效传播。即使近年来，故宫文化创意产业、首都博物馆、上海博物馆等大型展览馆也突飞猛进地发展起来，其文化创意特色超过国内大多数博物馆，但与美国大都会、英国和卢浮宫博物馆相比，设计水平的差异不容小觑。这不仅是由于文化创意经验和人才的不足，也是由于中国整体设计水平偏低。

（二）社会力量参与不足，授权模式不完善

在博物馆用于文化创意产品开发的各种模式中，艺术许可是公认的相对

成熟的产业模式，也是博物馆发展文化创意产业的首选模式。但在中国，包括博物馆执照在内的整个特许艺术产业仍处于初级发展阶段，产业链不完善，社会力量参与不足。

显然，在资金有限的情况下，博物馆很难独立开发文化创意产品。在互补互利的基础上发展和建立互利合作机制，是企业首选的合作策略。但由于博物馆文化产业投资价值评估难度大、收益不可预测性强、风险共性强，难以吸引企业和社会领域的投资。博物馆藏品、文化创意投资组合尚未形成成熟的投资群体和条件。需要建立一个完整有效的产业研发链，赋予设计和营销权力，包括在版权等法律问题上，这些法律问题是模糊的，定义不够明确。

三、营销渠道和消费市场还有待开拓

（一）销售渠道不够开放，新媒体运用不够广泛

作为文化馆和创意营销产业链条的后端，在渠道建设和覆盖领域也存在市场定位不明确、营销策略不够有效、品牌意识不高、新媒体运用不充分等一系列重要问题。据统计，目前我馆文化创意产品的市场营销仍以线下商店为主渠道，虽然一些博物馆分馆已经设在机场、旅游景点、综合购物中心等地，但覆盖全国乃至境外的营销结构尚未建立，国内的文化博物馆和创意产品并没有真正"走出去"。而只是在国际展览和海外文化博览会的框架内展示和交易，不能有效地发挥博物馆文化作品和创意在促进中国历史传播方面的作用。

博物馆文化创意产品的主要消费者是具有一定文化背景、审美情趣和经济能力的年轻白领。这些团体更经常使用互联网工具获取信息和购买商品。因此，发展文化创意产品的网络销售渠道尤为重要。目前只有故宫博物院、上海博物馆、首都博物馆、苏州博物馆等建立了官方的交易网站，其产品仅在网上销售一小部分，大部分购物仍在实体店进行。新媒体利用不足导致消费者隐性流失，这也是博物馆在文化创意产品销售领域面临的最重要问题之一。

（二）文化创意产品的成熟消费群体尚未形成

从博物馆文化创意产品的需求来看，合理的生产链周期需要一个成熟的文化创意产品消费市场作为支撑。消费能力和消费文化价值的意愿取决于文化

水平、艺术教育水平、经济能力等。培养成熟的文化产品消费群体，建立消费市场，往往需要几代人的不懈努力。研究认为，目前中国公民对文化财产消费的观念不符合国际标准，消费形式仍以互联网、电视、电影等传统形式为主。实地参观博物馆、画廊、音乐会等艺术作品，仍然集中在高学历、经济素养的白领和部分小群体，以及博物馆文化创意产品的主要消费者群体。特别是在中小城市，最常见的文化消费形式是精英阶层，人们更喜欢将有限的资源投入文化娱乐活动。

所有这些问题共同阻碍了博物馆文化创意产业的深入发展。解决这些问题，需要在政府营造良好政策环境、改革博物馆内部体制机制、社会力量积极参与、完善产业链的基础上，寻求发展博物馆文化创意产业的主要途径。

第二节　博物馆文创产业发展需探索差异化模式

当前，在资金紧缺、人才严重短缺、逆向导向不足、体制转型急需、市场突破的情况下，博物馆不可避免地面临资金困难、供应瓶颈、销售瓶颈、管理瓶颈等问题。很难建立一个完整有效的文化创意产业链，确保该产业持续良性发展。因此，解决博物馆文化创意产业发展问题的首要任务，必须由博物馆体制机制的内部改革带动，把博物馆资源与优质产业资源相结合，形成规模、性质、基础不同的产业发展模式。事实上，鉴于近年来博物馆的文化创意产业越来越受到重视，许多博物馆都在探索发展适合其内部条件的文化创意产业发展途径。

一、北京故宫博物院多元化经营发展模式

近年来，北京故宫的文化创意发展受到高度重视。通过自主探索，建立了独立研发和授权合作及线上营销运营、"优质"文化礼品和基于文化多样性和创造性发展营销模式的创意产品营销模式，通过团队建设给予全力支持，资源整合、品牌推广等保障。

故宫博物院人力资源丰富.在此基础上,专门成立了文化创意部门,建立了功能齐全的文化创意发展平台,整合到管理、信息服务、文化服务和专业科研服务中,各司其职,密切配合。管理部门负责开设和管理博物馆商店;资讯科负责处理数码文物资料、传媒运作及产品推广;文化部通过对基本数据的分析,提供产品和客户的及时反馈信息;该部由研究所内外300多名专家组成,他们提供有关文化古迹的科学信息,解释其文化内涵,评估产品的文化教育价值。以故宫博物院所设计的"帝王的一天"应用程序为例。虽然仅仅是一款儿童向游戏程序,但有关知识和细节的历史经过专家的仔细研究和探讨,显示出对文化创意产品教育功能的重视。

故宫博物院除自主研发外,还积极与社会企业合作,选择文化好、经济力量强、业绩突出的企业,以艺术授权为模式,建立互利共赢的合作机制。故宫文化创意的发展是按照规范的发展过程进行的,从发展规划到官方产品的发布,经过四次科研会议,历时一年多。由主要领导召开的第一次研发会议确定了研发计划、研发团队和时间节点;第二次研究发展会议将专门审议项目小组提交的项目建议书的可行性;第三次研发会议就研发计划作出最后决定;第四次研发会议确定了产品样品和生产的细节,严格的研发过程确保了设计产品的质量。

二、中国国家博物馆文化创意平台授权开发模式

在中国国家博物馆新馆开馆之初,由于资金短缺而出现了困难,最初用于发展文化创意的资金只有30万元。由于缺乏管理人才、有限的销售空间等因素,这项工作受到限制。发展模式只能通过与企业合作或通过吸引企业投资来发展,博物馆提供资源和控制生产,分享收入,逐步积累资金。截至2016年底,国家博物馆已开发文化创意产品3000余种,企业总收入近3亿元。

2016年以来,国家博物馆积极开展"互联网+"时代文化、科技融合新模式的开发,创办博物馆艺术品授权平台,与阿里巴巴实现战略深度合作,共同打造网络运营"文创中国"平台。国家博物馆负责收集高质量的照片、三维数据、科研成果、知识产权等。阿里巴巴集团利用其丰富的资源优势,充分连接

投资者、设计师和销售渠道，依托国博的收藏资源开发和销售文化创意产品，销售收入由双方按比例分配。之后，国家博物馆和上海自贸区管理委员会共同致力于建立中国自贸区，通过了在中国地区线下建立运行中心的项目。

三、南京博物院的文化创意商店联盟模式

2014年后，博物馆文化创意产业迅速发展。文化创意产品种类和数量的增加、文化创意商店数量的增加、发展文化创意产品的博物馆数量的增加等都证明了这一点。今后一个时期，必须从数量扩张转向建立一个有效和完善的文化创意产业链。这种变革和突破首先必须形成符合现代现实的文化和创造性发展观。

南京博物馆在文化创意产业管理过程中，按照组织和企业改革政策，探索了系统内文化创意产品灵活发展的途径。这些机构设立了非营利管理机构，并在其境外设立了文化公司。南京博物馆成立了一个约60人的文化创意产品开发与销售团队，不仅负责学院4家文化创意商店和分店的运营，还负责江苏省博物馆联盟的管理。在南京文化创意产品博物馆，主要是不断的展品、临时展览和专题展览越来越多。南京文化创意发展博物馆是一大特色，在定价时严格遵循"721"原则，即民间文化创意产品70％定价在50元以内，20％定价在50元到100元之间，100元以上更高质量的创意礼品占比10％。这一定价原则是创意文字研究小组在市场分析和受众调查的基础上，根据实际消费能力制定的，产生了很好的营销效果。

目前博物馆和商店联盟的模式并没有在全国广泛推广。在北京、上海以及资源丰富的中国西部和中部省份，博物馆和商店联盟尚未成立，依然不利于博物馆文化创意的整体发展。建议故宫博物院、中国国家博物馆等文化部直属博物馆牵头成立国家博物馆创意产业发展协会，建立中央直辖省市地方博物馆联盟，收集地区和国家博物馆馆藏和文化创意资源，制定文化创意产品开发行业规范和标准程序，加强交流和组织人才培养，促进我馆文化创意产业整体优化升级。

四、观复博物馆特色文化创意产业发展模式

虽然近年来，故宫博物院、国家博物馆等大型综合性博物馆的艺术成就引起了世界公众的关注，但在中小型博物馆以及私人博物馆中都无法复制。与大型公共博物馆相比，私人博物馆的资金来源较窄，文化价值较低，文化创意产业较难发展。但从博物馆的整体发展来看，全国正式注册的非国有博物馆有1297家，占全国博物馆总数的26.6%。国家鼓励企业、社会团体和个人建立、开办和经营更多的非国有博物馆。2017年，国家印发《关于进一步发展非公有制博物馆的意见》，明确规定非公有制博物馆要积极利用本国博物馆开发新的文化创意产品。中小民营博物馆如何根据市场规律找到发展文化创意产业的途径，是下一个需要中国博物馆业认真考虑和重视的问题。

发展原创文化创意产品，重点将中国传统文化元素融入现代商业模式，成立独立的文化创意产品开发团队，开发流行文化，创意消费品和优质艺术礼品等文化创意产品，通过网络营销产业结合门店销售，拓展合作门店和加盟门店品牌。随着新媒体的运用，博物馆开设了互联网线上官方账号，共同宣传博物馆的文化创意产品和文化。

与公立博物馆相比，私立博物馆在政策和行动上更为自由，它们更有机会进行有益的研究和实验，探索文化创意产业的创新形式，灵活运用各种手段开发文化创意产品，为了弥补博物馆经营经费的不足，设立博物馆品牌，提供更丰富多样的文化产品。

第三节　政策支持为博物馆文创产业升级打造优良空间

2015年颁布的《博物馆条例》发出了一个很好的信号，鼓励博物馆发展文化创意产品，2016年可被评为博物馆文化创意产业的黄金发展阶段的开始。中华人民共和国国务院、文化部、国家文物局等发布了一系列政策建议，从法律依据、资金来源、人才发展、平台、发展手段、保障等方面，着力发展博物

馆文化创意，确定了工业发展的目标、任务和阶段。由于这些策略的性质，是以间接干预和政策统筹为目标，直接干预政策的情况并不多见。从政策内容上看，主要涉及中国博物馆文化创意产业的资金、人才、机制、管理模式和发展等重大问题。从政策效力的角度看，国家一级的行政法规是重要的，主要是指导性的，约束性较小。总的来说，政府推动博物馆文化创意的政策方向明确，准确界定文化创意发展的主要瓶颈，并提供具体意见。但政策的法律效力不足，具体保障措施不够详细，在制定过程中需要提高效率。

在下一阶段，政府应透过在本地制定有关的附属法例，制订特别的财政支援措施，加强政策分类指引的针对性、可行性，促进人才的税收优惠政策和激励政策，完善与博物馆版权和知识产权保护、博物馆管理方法、博物馆评估方法和跨国界融合文化创新发展战略有关的立法和条例；继续跟进博物馆文化创意产业发展，营造良好环境，推动创新融入博物馆文化创意产业。

一、协调顶层设计，因地制宜出台地方实施细则

政府现正推行多项政策，这些政策仍以指引和规划文件为蓝本。根据中央文件精神，地方政府先后实施了促进地方博物馆文化创意产业发展的政策，包括江苏、浙江、广东、陕西、四川、重庆、内蒙古等省（区、市）尤为突出。以江苏省为例，省当局大力推进博物馆文化创意产品的发展。2016年底，《文化古迹文化创意产品开发通知》发布，组织开展博物馆边区文化创意产品开发工作，2017年初确定南京博物馆等全省37个文化部门试点开发文化创意产品。2018年初，广东省政府出台文化创意发展激励政策，规定全省9项实验性文化创意发展最多可获得工资的20%。此外，广东省积极鼓励各博物馆和大学共同培养创意人才，成立博物馆创意联盟。2018年2月，福建省文化厅在试点基础上确定全省15处文化古迹，开发文化创意产品。将在15个试点小组中建立文化创意产品开发联盟，共同创造和共享资源，如培训、销售渠道等。

省市文化部门通过积极与中心精神互动，因地制宜，认识到发展博物馆文化创意产业的重要性和必要性。在制定具体措施激励全省资源较好的博物馆作为试点单位，克服个别博物馆和产业发展困难，整合全省文化创造资源，建

立文化创意发展联盟"组合拳"模式，始终如一地推进博物馆文化创意产业的发展。

在政策执行的下一阶段，必须集中注意下列问题。第一，制定协调国家政策的框架。对博物馆文化创意产业发展的指导不能付诸实践，主要是由于现行体制改革和博物馆收入分配的财政制约。因此，国家文物局应努力与改革、税收、财政等部门达成协议。第二，促进制定适合不同省市当地情况的博物馆文化创意发展战略。由于全国各省市经济基础和文化资源的差异，博物馆的条件差别很大。中西部省市博物馆藏品资源丰富，但地区创意力量严重受限，博物馆理念相对保守。东部省区创意设计产业动态良好，人才汇聚效应明显，适合对外开放贸易经济发展，但馆藏基础总体上。在制定地方实施细则时，要充分考虑地方博物馆和创意产业的特点，采取有针对性的有效措施，避免盲目照搬国家政策文件等地区性战略，造成宣传活动的无效性。

二、发展专项资金支持、税收优惠、人才奖励

缺乏资金是阻碍大多数博物馆有效发展文化创意的一个重要因素。除博物馆每年编制的文化创意产品发展目标预算外，政府部门还通过为博物馆的文化创意项目拨款、宣布支持博物馆的文化创意项目等，积极推动博物馆产业化和活动。目前，中央和地方政府很少设立博物馆创意专项基金。大部分以文化及创意产业为对象的资金申报指引，并没有明确指出支持博物馆文化创意为"创意设计"范畴，再加上电影、出版、动画、游戏、互联网媒体、广告等行业。博物馆希望申请支持由该等文化创意基金资助的项目，这些基金在与其他文化或创意行业竞争时并不具备优势，以致大部分博物馆对支持创意发展的项目缺乏信心和鼓励。在这方面，为了有效解决博物馆文化创意发展资金不足的问题，建议在国家和地方政府实施的文化创意基金支持方案中，博物馆已被列为优先支援项目博物馆积极代表日报。此外，国家和地方文物保护部门应当设立博物馆文化创意发展专项基金和评价委员会，支持和促进具有较高发展水平和产业发展潜力的博物馆文化创意项目。

与文化创意设计企业等社会力量深度合作，也是克服博物馆文化创意资

金缺口的主要战略。但目前我国许多文化科技企业面临资金和人才短缺的困难，特别是小型文化设计企业占有相当大的比重，其发展前景令人担忧，也不愿将有限的资金和人才投入博物馆文化创意领域，这带来了极大的风险和难以预测的市场回报。因此，如果政府能够为文化企业的投资或参与博物馆文化创意的发展制定税收优惠，明确规定创意企业和博物馆在共同开发文化创意产品时可以享受企业所得税优惠，并通过降低相关研发费用的税收优惠，有效激发企业参与博物馆文化创意发展，建立博物馆与企业相互受益的发展机制。

由于博物馆缺乏文化创意专业人才，政府部门也应制订优惠政策，吸引高质素的创意设计、艺术管理等专业人才。如积极向国内外知名高校借鉴文化设计经验、热爱中国传统文化、国际艺术设计视野，并提供住房优惠、医疗保险等就业优惠；将具有多年文化创新工作经验、丰富文化创新设计和营销经验的高素质专业人才纳入文化创意领域，为它们提供经济激励、荣誉称号、创业平台等优惠。

三、完善博物馆管理、知识产权保护、评估评价等法规

建立完备的博物馆管理模式，是推动博物馆文化创意产业发展、构建完善的文化创意产业链的主要途径之一。但是，在行动是否进行、如何进行以及行动的范围和界限方面仍然存在许多误区。目前，迫切需要国家文物保护总局会同工商行政管理部门制定《博物馆管理办法》，明确博物馆的宗旨、任务、活动范围、主管部门、监督机制和侵权责任及博物馆活动的制度规范，保护博物馆和文化消费者的合法权益。

应探讨建立完整的文化艺术博物馆解决模式的可行性，首先解决文化资源转化为文化资本后的版权、商标权等争议和问题。我国现行的博物馆知识产权保护规定过于简单笼统，权利界限模糊。政府文物保育机构，考虑到世界知识产权组织（知识产权组织）公布的《博物馆知识产权管理指引》（2007年版），将结合我国博物馆文化市场实际，讨论采取"博物馆知识产权管理办法"，制定博物馆知识产权法律制度，规范博物馆的产权、使用顺序、交易费用、侵权行为、责任认定等。尽量避免在博物馆使用文化遗产元素发展文物

时，出现不必要的版权纠纷。此外，为建立博物馆的商标、藏品和文物的注册机制，工商界必须加强博物馆财产的管理和保护，保障博物馆的创收权利。还需要制定有效措施，保护利用互联网技术开发的博物馆数字资源的使用权，提高博物馆资源的利用效率。

四、推动新时期博物馆文化创意产业跨界融合发展

在新时代，文化产业的跨境创新与融合发展是大势所趋，博物馆创意产业也不例外。政府应制订政策，鼓励博物馆跨境融入文化创意产业。

一是促进博物馆文化创意与电影、动漫、游戏等其他文化产业的和谐发展。《如果国宝会说话》《国家宝藏》等影视创意产品的确收获了不错的票房和口碑，有效地宣传了博物馆的展览文化，极大地增强了博物馆的吸引力，增加了社会对博物馆的关注和观众数量，表明博物馆与摄影产业深度合作的巨大潜力。一系列热销的益智游戏"App"的上线，以及《观复猫演义》等博物馆衍生动画在青少年中的确实流行，都表明博物馆文创设计在动画和游戏领域的测试取得了初步成果，这将吸引更多的年轻人了解和接受博物馆文化。

二是推进博物馆文化创意与互联网技术的跨境融合。在中国文明"互联网+"三年行动计划制定的战略基础上，出台相关规定，建立博物馆文化创新分析体系、博物馆数字化资源开放共享体系、博物馆藏品、博物馆文化创意多层次许可制度，博物馆文化创新虚拟平台、博物馆文化创新电子平台、博物馆文化创新综合营销平台等。

三是推行促进博物馆文化创意与教育产业深度融合的政策。从博物馆文化创意产业发展之初，无论其根源是开放资金来源，还是博物馆直接、有形的收益，获取经济收益是一个主要问题，但教育功能也往往会被忽视。教育价值应该是博物馆文化创意产业的终极目标。对此，文教部应共同研究如何将具有广泛特色的文化创意博物馆资料融入现有的普通高等教育体系，充分发挥体育教育和互动实践教育的优势，在中小学的历史、文化、艺术、自然科学及科技课程中，提供实地参观博物馆的机会，并在博物馆内制订更优质的公众教育计划。

第四节　专业化、社会化环境为博物馆文创产业优化搭建多元平台

一、专业化培训搭建博物馆文创交流分享平台

从2016年到2017年的两年时间里，为提高博物馆工作人员的创意发展和管理技能，在全国范围内开展了多个不同类型、不同规模的博物馆创意培训。2016年10月在重庆，由国家文物局主办，举办了"文化机构文化创意产品开发管理专项培训班"，来自全国90多家博物馆的100多名文化创意工作者参加了培训。2017年，各文化机构文化创意课程开展频率较高，特别是"国家文化体系文化创意产业高素质人才培养课程""2017年文化创意产品开发与运营课程""国家博物馆艺术人才发展项目"等。此外，北京、陕西、广东、广西、安徽等省市的文化部门还开设了不同文化创意产业的专题课程。

在审查各种文化创意培训班的内容和主要内容时，重点是对国家政策的解释、对文化创意案例的分析和授权及总结经验。在大多数情况下，会邀请海外及省级博物馆的负责人，以及在文化创意方面有积极成果的国家博物馆的负责人，介绍经验、发展合作模式、定位等，课程通常很短。2017年，以台北市培养故宫企业设计师理念为基础的故宫培训班在北京举行，持续时间超过一个半月。这种培训有助于博物馆之间的文化创意交流，并熟悉主要的发展模式和成功事例。但从文化创意产业整体发展的角度对文化创意产业的起源、特征、要素和发展趋势进行系统研究的却寥寥无几。

今后建议扩大博物馆文化创意专业课程的教学范围和学生覆盖面，不仅面向博物馆文化创意部门和国家文化服务部门的专业人员，也面向创意专业的学生、对博物馆文化创意感兴趣的设计师、传统文化爱好者、创意企业等。切实组织参与这类培训，并可与国内外的创意工作者及博物馆交流。同时，在课程设计和安排方面，建议扩大课程范围，吸引国内外文化专家、著名的文化创意家和博物馆参与教学、理论知识传授、实践案例交流，并提供实地参观的

机会。此外，由于博物馆在文化创意方面的做法涉及广泛的运作层面，例如设计、管理及市场推广等，因此建议发展更有针对性的主题训练课程，例如为博物馆管理人员及管理人员提供文化创意训练、为设计师提供特别课程等，致力于前沿文化创意、博物馆及文化创意企业的授权及实践经验交流模式，以及为有兴趣人士而设的培训课程，致力于普及博物馆文化创意知识，解读传统文化元素，形成博物馆文化创意的潜在消费者群体。

二、文化博览会为博物馆文化创意交易搭建展示平台

此外，博物馆一般致力推广及发布博物馆丰富的文化创意产品，提高其社会效益。但在博物馆文化创意产品的各种展销会上，交易数据十分匮乏，产品质量参差不齐，展览建设成本和人力资源都很高，所得成果也符合博物馆的期望。业界人士指出，博物馆必须作出多个选择参展，重点是参与高水平的专业展览，拓展海外市场。

2017年，在德国法兰克福举行的国际纸文化创意产业大会上，以"江南文化元素"为主题的东方文化元素展成立。苏州博物馆和其他具有东方传统文化内涵的中国博物馆对创意文化产品进行了反馈。2018年2月，北京故宫博物院、中国国家博物馆、秦始皇陵博物馆、敦煌研究院、四川省博物馆等近20家文化机构抵达法兰克福参加世界纸展，展出以"中国文化创举"为主题的"东方文化元素"得到了一致的认可。2017年10月，亚洲最大的专业品牌授权平台——第11届中国授权在上海新的国际展览中心举办展览，首次开放"互联网+中国文博授权展区"，其中上海博物馆在中国国内博物馆展出的优秀文化创意作品。2018年1月在香港举行的国际许可证展会上，特别设立了"中国内地馆"，吸引了国内多家从事文化创意活动的博物馆参展。故宫的文化创意产品成为展览的主要展品之一，引起了中外人士的关注和竞争。

博物馆日后应根据展览的数量和频度，选择大型展览，并更注重展览的质量、交易量和针对性，以及透过文化及创意展览的评审机制，评估展览所达到的教育目标和经济效益。博物馆联盟应率先在博物馆举办更多专门的文化及创意展览，重点是大型博物馆的文化创意产品，以方便消费者选择。博物馆和

展品要立足特色和高质量，以文化展品为交流平台，有效宣传博物馆文化，推动博物馆创意"走出省""走出国"，展示地域特色，传播中华文化。

我们生活在美好的时代，大数据、云计算、虚拟技术、人工智能等互联网技术深入人们文化生活的方方面面，引领文化新消费，弘扬文化新内容，形成文化产业新业务，形成社会文化产品供给新模式。如今，所有人都可以购买和享受在线博物馆、虚拟艺术展览和数字文化创意产品的文化产品。一个新的文化、文化娱乐和融合组织的诞生，从根本上打破传统"静态观"的艺术形象，使人们有机会看到、听到、触摸到、感受到。代表博物馆和画廊的公共文化组织面临着前所未有的挑战和机遇。它们被赋予了文化生产者、文化传播者和文化资本载体的新职能，他们在外部环境迅速变化的情况下寻求内部变革。

这也是一个容易陷入迷茫的时代。快节奏的生活方式、以行动利益为导向的碎片化阅读方式，侵蚀了人们的审美能力、深度思考能力和工作专注能力。经过"消遣至死"的现代挤压和困倦文化，人作为齿轮嵌入高速运转的社会中，再也不能在地球上"诗意地生活"了。因此，人们开始提倡回归"慢生活""日常美学"。漫步于博物馆，欣赏历史古迹、古器和大师作品，享受远离喧嚣和历史对话的旅程，成为越来越受欢迎的文化选择和现代社会精神教育的迫切需要。因此，博物馆——这一古老历史的讲述者重新焕发了生机和活力。通过推动传统文化创造性转化和创新发展，开展文化产品供给改革，精心挑选展品，精心策划展览，旨在形成文化创造意识，精心策划教育项目，不忘教育的开局和文化的传播，牢记在新时代为社会服务的使命。

博物馆文化创意产业是集现代社会服务与文化产业于一体的跨时代、跨行业、跨学科领域，它吸引了政府决策者、文化工作者和公众的注意力。无论是在狭义的艺术创意中开发艺术作品，还是发展新的文化创意形式，关键是能否打造出一条完整、高效、可靠的博物馆文化创意产业链，它的建立和完善不仅要求博物馆抓住机遇，解放思想，改变观念，积极主动，还需要政策扶持、消费者团体和社会力量的综合支撑。从历史上到今天，博物馆的发展与社会发展的节奏平行。希望在这最困难的时期，博物馆能有效地发挥时代赋予的重任。

参考文献

[1] 张紫馨. 博物馆文创实践——首博文创开发与思考[J]. 首都博物馆论丛, 2013（0）: 144-152.

[2] 吴翔. 产品系统设计: 产品设计2[M]. 北京: 中国轻工业出版社, 2000.

[3] 财政部教科文司. 深入贯彻科学发展观开创财政教科文工作新局面[M]. 北京: 中国财政经济出版社, 2006.

[4] 倪镇. 智设计——活文化[M]. 北京: 清华大学出版社, 2015.

[5] 张子康, 罗怡, 李海若. 文化造成: 当代博物馆与文化创意产业及城市发展[M]. 桂林: 广西师大出版社, 2011.

[6] 国家文物局博物馆与社会文物司. 新形势下博物馆工作实践与思考[M]. 北京: 文物出版社, 2010.

[7] 张尧. 基于博物馆资源的文化创意产品开发设计研究[D]. 苏州: 苏州大学, 2015.

[8] 许彬欣. 台湾文化创意产品发展思辨[D]. 北京: 北京理工大学, 2015.

[9] 马琳. 博物馆艺术衍生品开发研究[D]. 南京: 南京艺术学院, 2013.

[10] 韩爱霞. 我国博物馆旅游创新开发模式研究[D]. 济南: 山东师范大学, 2009.

[11] 江天若. 博物馆文创产品开发研究——以台北故宫博物院和苏州博物馆为例[D]. 西安: 陕西科技大学, 2016.

[12] 程辉. 基于产品视角的旅游纪念品设计探析[D]. 杭州: 浙江理工大学, 2015.

[13] 高璐瑜. 浅析品牌价值升与降——品牌设计中的艺术性[D]. 北京: 中央美术学院, 2014.

[14] 阴鑫. 中国博物馆文化创意产品开发研究——以北京故宫博物院为例[D]. 开封: 河南大学, 2016.

[15] 包富华, 王志艳, 程学宁. 旅游纪念品消费特征及其满意度分析——以山东省泰安市为例[J]. 河南科学, 2017, 35(3): 494-500.

[16] 杨咏, 王子朝. 浅析非遗博物馆文化创意产品的开发策略[J]. 艺术与设计（理论）, 2018, 2(3): 93-95.

[17] 周坤. 浅谈博物馆文化创意产品开发设计发展思路[J]. 教育观察, 2017, 6(13): 143-144.

[18] 陈康. 浅谈自然科学类博物馆文化创意产品开发策略[J]. 自然科学博物馆研究, 2017, 2(S1): 125-130.

[19] 金青梅, 张鑫. 博物馆文化创意产品开发研究[J]. 西安建筑科技大学学报（社会科学版）, 2016, 35(6): 42-46.

[20] 邱玲菁, 朱丽梅, 颜丹, 等. 博物馆文化创意产业的发展现状和对策——以江西省博物馆为例[J]. 遗产与保护研究, 2018, 3(10): 108-112.

[21] 单士鹍. 博物馆与文化创意产业——以淮安市博物馆为例, 浅析博物馆文化创意产业现状[J]. 艺术科技, 2013, 26(4): 61.

[22] 蔺晓, 王敏. 博物馆与文化创意产业开发——以新疆维吾尔自治区博物馆衍生品开发为例[J]. 新疆艺术（汉文）, 2018(5): 108-112.

[23] 郝畅. 博物馆文化创意产业的现状分析[J]. 北京印刷学院学报, 2018, 26(1): 125-128.

[24] 张春. 新媒介环境下的博物馆文创研究——以台北故宫博物院为例[D]. 兰州: 兰州大学, 2016.

[25] 曹玉茁. 博物馆文创产品的新媒体营销推广——以故宫淘宝为例[J]. 新媒体研究, 2018, 4(9): 54-55.

[26] 穆筱蝶. "互联网+"背景下博物馆文创开发策略研究——以北京故宫博物院为例[J]. 新闻研究导刊, 2017, 8(21): 251-252.

[27] 黄美. 博物馆文创产品的开发与创新设计研究[J]. 艺术科技, 2017, 30(9): 49.

[28] 葛偲毅. 国外博物馆文化产品开发与营销对我国的启示[D]. 上海: 复旦大

学, 2012.

[29] 张尧. 基于博物馆资源的文创产品开发设计研究[D]. 苏州: 苏州大学, 2015.

[30] 马煜娟. 基于"互联网"背景下的博物馆文创产品发展分析[J]. 文物世界, 2019(6): 73-74.

[31] 马晶晶. 当代博物馆文创产品与产业的发展现状与对策探讨[J]. 吕梁学院学报, 2015, 5(4): 59-63.

[32] 葛畅. 文创产品设计过程中的需求分析及转化[J]. 装饰, 2018(2): 142-143.

[33] 易平. 文化消费语境下的博物馆文创产品设计[J]. 包装工程, 2018, 39(8): 84-88.

[34] 王玮, 韩鹏, 苏静. 南京夫子庙景区文化创意产品现状分析与研究[J]. 创意设计源, 2018(1): 63-67.

[35] 杨蕾. 博物馆经典藏品资源的文创产品开发——以曾侯乙编钟文创系列产品的开发为例[J]. 东南文化, 2018, (1): 122-126.

[36] 张菁雅. 浅析文化创意产品的新媒体营销模式——以故宫淘宝为例[J]. 新闻研究导刊, 2016, 7(21): 66-67.

[37] 李姗. 新媒体语境下博物馆文化创意产业研究——以故宫博物院为例[J]. 艺术科技, 2016, 29(2): 132.

[38] 赵菁, 张乘风. 饕餮纹的符号识别分析[J]. 设计, 2019, 32(5): 72-73.

[39] 马晶晶. 当代博物馆文创产品与产业的发展现状与对策探讨[J]. 吕梁学院学报, 2015, 5(4): 59-63.

[40] 方云. 试析"博物馆+非遗"模式下的文博创意衍生品开发路径[J]. 遗产与保护研究, 2016, 1(6): 92-98.

[41] 吴军. 阴山岩画旅游文创产品设计的意义[J]. 传媒论坛, 2020, 3(1): 143; 145.

[42] 李亚星, 黄睿. 夏布文创产品问题分析[J]. 西部皮革, 2020, 42(6): 96.

[43] 张艳. 东北地域元素在文创产品中的设计开发研究[J]. 传媒论坛, 2020, 3(1): 10.

[44] 原佳丽. 客家文创产品设计中的传播符号研究[J]. 北京印刷学院学报, 2020, 28(1): 41-43.

[45] 王诗韵. 从文创产品见传统工笔的应用与发展[J]. 西部皮革, 2020, 42(6): 158.

[46] 龚巧敏, 涂慧. 论西安特色元素在文创产品设计中的应用[J]. 山西建筑, 2020, 46(3): 31-33.